AF463779

Б 49 1016

LA MONARCHIE

REPRÉSENTATIVE

APPRÉCIÉE,

OU

LE JÉSUITISME DÉVOILÉ.

PARIS, IMPRIMERIE DE COSSON,
rue Saint-Germain-des-Prés, n° 9.

LA MONARCHIE
REPRÉSENTATIVE
APPRÉCIÉE,
OU
LE JÉSUITISME DÉVOILÉ.

Ne professons tous qu'une seule opinion, qu'un seul intérêt, qu'une seule volonté, l'attachement à la Constitution et le désir ardent de la paix, du bonheur et de la prospérité de la France.

DISCOURS DE LOUIS XVI *à l'Assemblée nationale, le 4 février* 1790.

PARIS,
CHEZ LEVAVASSEUR, LIBRAIRE,
SUCCESSEUR DE PONTHIEU,
PALAIS-ROYAL.

1829.

PRÉFACE.

Un parti qui se dit (par exclusion) éminemment royaliste et éminemment religieux a la prétention de nous replacer sous son joug et de donner des lois à la France. On peut croire que l'opinion est maintenant assez forte et assez éclairée pour se défendre contre un semblable dessein. Cependant, comme dans ses efforts pour agiter notre pays et arrêter le bien qui se prépare, ce parti crie à la révolution, rechercher qui, des hommes qui le composent ou de ceux qu'il accuse, peuvent avoir besoin d'un autre état de choses, m'a semblé une question importante, et j'entreprends de la résoudre

---

LA MONARCHIE

REPRÉSENTATIVE

APPRÉCIÉE,

OU

LE JÉSUITISME DÉVOILÉ.

CHAPITRE I.

Le gouvernement républicain, le gouvernement monarchique absolu et le gouvernement monarchique constitutionnel représentatif sont les trois principaux, on pourrait presque dire les seuls gouvernemens connus, sauf les modifications dont chacun d'eux peut être susceptible. Dans les trois chapitres qui vont suivre, je vais essayer de poser les principes essentiels de ces trois formes de gouvernement, et un dernier chapitre contiendra la conclusion de ce qui aura été dit dans les précédens.

CHAPITRE II.

DU GOUVERNEMENT ABSOLU.

Si dans toutes les sociétés que forment les hommes, il n'y avait toujours des intérêts particuliers qui sont en opposition avec les intérêts généraux, il serait inutile de s'arrêter à démontrer que, des trois formes de gouvernement que nous venons d'indiquer, la forme du gouvernement absolu est la plus mauvaise. Il est de l'essence de ce gouvernement que le chef ait une puissance suprême que rien ne balance, tellement que sa volonté soit une loi obligatoire pour tous les sujets. « Nous sommes tous d'accord, » disait Michel de Marillac, garde des sceaux, » dans un lit de justice tenu par Louis XIII son » maître, que le roi ne doit rien faire que justement : il le sent et le croit lui-même, et quoi» qu'il soit *au-dessus de la loi, il veut bien néan-* » *moins être au-dessous de la raison.* » Voilà en effet le gouvernement absolu, et l'on sent assez que sous un chef qui se croit au-dessus des lois, qui peut ainsi, par la seule force de sa volonté, en faire de nouvelles, changer celles qui existent et n'en suivre aucune, il ne peut y avoir aucune garantie solide pour les peuples.

Cependant, comme toute société d'individus suppose nécessairement un accord quelconque des membres, pour régler, en quelque sorte, la manière dont ils vivront ensemble, le gouvernement absolu lui-même a sa loi fondamentale. Que cette loi soit écrite, ou simplement sanctionnée par l'usage, toujours elle existe, et ainsi l'on peut dire, en ce sens, que les peuplades les plus sauvages ont encore leurs lois qui règlent la forme de leurs gouvernemens. Mais dans les gouvernemens absolus, cette loi n'a d'autre objet à peu près que de déterminer comment on peut arriver au pouvoir, mais non pas du tout comment on doit l'exercer, de sorte qu'on peut dire que, dans ces gouvernemens, la loi de l'état est presque indifférente aux peuples, puisque le plus souvent elle ne s'occupe point de ceux-ci, et que jamais, en tous les cas, elle ne saurait leur offrir de garanties certaines des rapports qui doivent exister entre eux et celui qui tient le pouvoir.

De là on peut dire qu'il n'y a personne de raisonnable, s'il n'est intéressé à tromper les autres, qui osât vanter le gouvernement où tout une population confie ses biens, son honneur, sa liberté, sa vie même aux caprices d'un seul homme ; et, quoique cette forme de gouvernement ait encore ses partisans, ou plutôt ses flatteurs, on peut dire avec certitude que personne cependant ne se sent assez dégradé pour se croire, de bonne foi, l'esclave né de celui de ses semblables qu'il plaît au sort de lui donner pour maître.

Si néanmoins cette forme de gouvernement était reconnue la meilleure, tant pour la chose publique que pour les intérêts particuliers, le tout vu généralement et tous inconvéniens compensés, on concevrait qu'elle eût de sincères défenseurs, parce que, suivant une maxime triviale, mais juste, de deux maux l'on doit éviter le pire. Or, il n'est pas possible aux hommes réunis en société de vivre dans une liberté absolue : du moment qu'il y a réunion, société d'individus, il se forme entre les membres des devoirs et des droits réciproques ; les devoirs doivent être déterminés, les droits doivent être garantis. De là la nécessité d'établir des règles qui soient lois, et auxquelles chacun est obligé de se soumettre. Mais cela n'est point assez ; chacun agissant dans son intérêt particulier, en admettant même que chacun pût entendre bien son propre intérêt, ce qui n'est pas, la chose publique, l'intérêt particulier de la société, qui est l'intérêt de tous pris en masse, ne saurait se soutenir par la seule force des intérêts particuliers; car, quoique la meilleure administration de la chose publique ne doive avoir pour but essentiel que l'intérêt particulier de chaque membre, c'est pourtant une vérité d'expérience que les intérêts particuliers, pris isolément, ne sauraient se combiner assez heureusement pour assurer et garantir l'intérêt de la masse en général. Il faut un centre commun, qu'on suppose désintéressé, qui dirige et surveille la conduite des membres. De là la nécessité, pour toute réunion d'hommes, de choisir un ou plusieurs d'entre eux, auxquels on promet obéissance en leur conférant le pouvoir de commander. Dans cet état donc, lorsque les hommes sentent la nécessité de sacrifier quelques-unes de leurs facultés ou de leurs droits pour jouir avec sécurité des bienfaits de l'état de société pour lequel ils sont nés et qui exige ces sacrifices, si le gouvernement absolu, ou l'autorité absolue donnée à un seul chef, était ce qu'on pût concevoir de mieux pour assurer l'avantage de tous, il serait naturel qu'on adoptât cette forme de gouvernement.

Mais à l'époque où nous vivons, il n'y a certes pas plus de bonne foi à vanter comme une théorie sublime l'autorité absolue d'un seul sur tous, qu'à soutenir en fait que cette forme de gouvernement est la meilleure.

En supposant dans le chef toute la capacité nécessaire jointe à l'intention de bien faire, il serait douteux encore que la chose publique fût bien conduite, car un homme ne saurait suffire seul à l'administration d'un grand état : il pourra la surveiller sans doute, et si, dans cette surveillance, il apporte une bonne intention avec quelque talent, il pourra exercer une heureuse influence, et il n'est pas tout-à-fait impossible qu'un état ne fleurisse un moment sous la conduite d'un seul chef, qui, ne rencontrant point d'opposition, agit avec une volonté ferme et bien dirigée.

Mais ne pouvant, ainsi que je viens de le dire, suffire seul à l'administration, le chef suprême et absolu sera obligé de s'adjoindre des hommes auxquels il en devra confier les détails. Mais si nous avons supposé au chef de la capacité et une bonne intention, certes l'expérience de l'histoire et la plus légère observation des passions qui assiégent le cœur humain avertissent assez qu'on ne saurait dire sans erreur que cette capacité et cette bonne intention se trouveront également dans tous les conseillers que pourra se choisir le souverain ; car ce choix ne peut se faire, au moins généralement parlant, que parmi les gens qui entourent le prince. Or, sous les bons comme sous les mauvais princes, ceux qui les approchent se montrent rarement ce qu'ils sont ; presque toujours ils portent dans leurs habitudes la couleur du maître, si l'on peut ainsi parler. Toujours empressés à lui plaire, ils se montrent bons, affables, généreux, braves, s'ils croient reconnaître ces qualités dans le prince ; et, sous un mauvais prince, l'homme vertueux lui-même, mais pourtant entraîné par l'ambition qui égare si facilement les cœurs les plus droits, caressera les faiblesses de son maître pour obtenir ses faveurs. Et comment, d'ailleurs, concevoir un ministre honnête homme sous un roi absolu, lorsque, d'une part, ayant à lutter chaque jour contre l'intrigue qui essaie de le perdre dans l'esprit du maître, il devra se créer bientôt des intérêts particuliers, étrangers, et le plus souvent contraires aux intérêts généraux ; que, d'un autre côté, par le bien même qu'il pourrait faire, il serait plus exposé à l'envie, choquerait plus d'intérêts de cour, et qu'enfin sa destitution serait d'autant plus assurée, qu'il donnerait plus d'un vrai zèle aux affaires de l'état. Le grand Sully lui-même, sous le bon Henri, n'a-t-il pas quelquefois encouru la disgrâce de son maître ? Or, comment attendre des conseils sincères et désintéressés d'un ministre qui, pour se maintenir contre l'intrigue qui essaie de le renverser, devra se montrer plus empressé à complaire au prince, à flatter ses goûts et ses vices même, qu'à s'occuper du bien public? et si enfin le prince est mal conseillé, sa volonté, qui est une loi que personne n'a le droit d'examiner, produira-t-elle toujours des actes conformes à l'intérêt de tous?

Mais si le prince peut être trompé en ce qui regarde les choses d'intérêt général, qu'il peut voir de plus près et qu'il est plus à même d'apprécier, combien plus le sera-t-il à l'égard des intérêts particuliers! Ne pouvant les apprécier lui-même, il est obligé de s'en rapporter à ceux qu'il délègue pour en prendre soin, et s'il n'a pour l'éclairer, à l'égard de ces intérêts particuliers, que les conseils d'hommes qui ont des faveurs à accorder, des affections à protéger, des haines à satisfaire, quels abus ne se glisseront pas dans l'administration des affaires de chacun! Et cependant, sous un gouvernement absolu qui veut se conserver par le seul moyen qu'il ait, c'est-à-dire la terreur, les sujets blessés gémiront, mais ils ne se plaindront pas; leurs plaintes, en tout cas, ne sauraient parvenir jusqu'aux oreilles du prince, et les injustices seront sans réparation.

J'ai considéré le pouvoir absolu dans les mains d'un chef habile et guidé par de bonnes intentions, et cela ne serait pas tout-à-fait impossible si le prince est choisi par ses sujets : mais que sera-ce si un maître absolu est donné à tout un peuple par le droit de sa naissance ? Si le prince est électif, je puis admettre le pouvoir absolu ; toutefois, les sujets d'un pareil maître auront encore à gémir de s'être imposé la loi de ne vivre que par la volonté d'un seul ; mais du moins ils l'auront choisi, et ils auront pu faire un bon choix. Mais cette puissance souveraine et absolue donnée à un individu par le simple droit de sa naissance offre l'idée la plus monstrueuse que l'homme doué de raison puisse concevoir, et si l'Europe civilisée ne nous en offrait des exemples, la proposer aujourd'hui semblerait très-sûrement un délire ; car, si bien des gens sont intéressés à caresser le pouvoir qui existe, il n'y pas un esprit, sans doute, qui songeât à le créer, et surtout qui osât en soutenir les doctrines.

Si plusieurs hommes étaient abandonnés sur une terre étrangère, ils sentiraient bientôt le besoin, la nécessité même d'avoir un chef ; mais en supposant ces hommes sortis de l'Europe, et eussent-ils même appartenu déjà à un gouvernement absolu, pense-t-on que ce fût par le hasard du sort, par exemple, qu'ils songeassent à l'élire ? Et si une troupe d'hommes raisonnables ne voudrait pas confier au hasard du sort le choix d'un chef qui ne devrait exercer sur elle qu'un pouvoir temporaire, comment se ferait-il que tout un peuple consentît à recevoir pour maître absolu un chef qui n'a d'autre droit à le devenir que celui de sa naissance ? Et cependant semble-t-il encore que le choix par sort dût être préféré au choix par naissance ; car peut-être est-il permis de dire que la masse ou la généralité est bonne, et le sort pourrait ainsi offrir la chance d'un bon choix, tandis que le choix par naissance ne saurait presque jamais être d'accord avec la raison.

En effet, si le prince héréditaire d'un pouvoir absolu naît avec quelques vertus, elles seront presque certainement étouffées en lui, parce que les hommes qui sont intéressés à tromper le père auront le même intérêt à perdre le fils pour n'avoir en lui qu'un facile instrument. Si au contraire il a quelques inclinations vicieuses, avec combien plus de facilités ne se développeront-elles pas dans un prince auquel tous ceux qui l'entourent seront soumis, et qui, pour s'assurer ses faveurs et ses bonnes grâces, flatteront à l'envi ses goûts et ses passions !

En un mot, on doit mieux sentir qu'on ne saurait l'exprimer, et j'oserai presque dire malheur à qui ne le sentirait pas! que le pouvoir devant être confié aux uns sur les autres, mais en vue du bien de tous, le gouvernement absolu, et surtout celui qui est héréditaire, est, de toutes les institutions humaines, la plus monstrueuse que l'homme, qui a seulement l'instinct qu'il est au-dessus de la brute, puisse imaginer, et il faut plaindre ou mépriser quiconque ose se dire avec orgueil sujet de Mahmoud ou de don Miguel !

Mais reconnaissons-le aussi, le pouvoir absolu n'a de vrais partisans que le chef et ceux qui partagent avec lui la puissance souveraine. Les prêtres, dans tous les temps, dans tous les pays, et quelle qu'ait été la religion qu'ils enseignaient, ont toujours soutenu le régime absolu, parceque toujours ou presque toujours maîtres de l'esprit du souverain, soit par l'affection, soit par le besoin de celui-ci de s'appuyer d'un parti qui chez tous les peuples a toujours été fort, et plus particulièrement encore dans les monarchies absolues, ils ont usé de sa puissance pour la tourner à leur profit. C'est ainsi qu'on voit aujourd'hui les prêtres soutenir et proclamer le beau gouvernement d'Espagne et jusqu'au parjure de don Miguel. Mais placez à la tête du gouvernement absolu un individu qui ne leur soit pas soumis, quelque honnête qu'il soit d'ailleurs, et vous verrez ces mêmes hommes combattre avec tout le zèle dont ils sont capables les principes jusqu'ici tant préconisés par eux. C'est par cette raison qu'un parti français, prétendu religieux, n'avait cessé de combattre, de déchirer notre pacte fondamental, tant qu'une administration dont il était maître la violait par son ordre et dans son intérêt, et qu'on le voit aujourd'hui proclamer son amour pour cet acte et demander à grands cris les libertés qu'il garantit.

CHAPITRE III.

DU GOUVERNEMENT RÉPUBLICAIN.

Si le gouvernement absolu paraît à l'homme doué de raison, quand il le considère en théorie, l'institution la plus déraisonnable parmi celles qui doivent avoir pour objet l'intérêt de tous, le gouvernement républicain au contraire, quand aussi on le considère en théorie, paraît être en soi le beau idéal des institutions.

Dans les sociétés particulières formées volontairement, chaque membre veut avoir une part quelconque à la direction des affaires de la société; ce même intérêt subsiste dans la grande société des hommes qui forment un corps de nation. Chaque membre de cette société, ainsi que chaque membre d'une société particulière, a un intérêt égal à concourir de sa puissance et de sa capacité à la direction des affaires communes. L'administration la plus rationnelle d'un gouvernement serait donc bien évidemment celle à laquelle pourraient concourir tous et chacun des membres de la grande famille : or, de tous les gouvernemens, le gouvernement républicain est celui qui se rapproche le plus de ce principe ; c'est celui dans lequel se trouve le plus étendu , ce bienfait inappréciable de la participation de la généralité à la direction de la chose commune.

Le gouvernement républicain est composé de plusieurs élémens qui doivent être combinés de telle sorte que tous doivent se contrôler , et en même temps concourir à un but commun.

Plusieurs combinaisons peuvent entrer dans la formation des différens pouvoirs du gouvernement républicain, ainsi que dans l'autorité attribuée à chacun, mais ce qui est essentiel à ce gouvernement, c'est 1° qu'il y ait une loi fondamentale, qu'on appelle la constitution de l'état, à laquelle tous les pouvoirs soient soumis ; 2° que les membres de chaque pouvoir soient élus par le peuple. Les modes des élections sont susceptibles de bien des modifications; mais les principes exacts d'une république devraient appeler tous les citoyens à y concourir par tête et avec un pouvoir égal. Néanmoins, sans parler de l'ambition ou des intérêts particuliers, qui, dans les républiques comme dans tous les autres gouvernemens, ont toujours introduit des usages contraires aux principes qui convenaient à la nature de l'institution, la raison elle-même a démontré que toutes les classes d'un grand peuple n'étaient pas également propres à concourir d'une manière avantageuse aux élections. De là tantôt l'exclusion de certaines classes du droit d'élection; tantôt le vote, non plus par tête, mais par classes formées et déterminées de telle sorte que l'on rendait sans influence le vote des classes dont on ne voulait pas, ce qui était une autre sorte d'exclusion sous une apparence légale. Quand cette exclusion est sagement ménagée, et qu'elle n'a lieu qu'en vue du bien général et dans l'intérêt de l'institution républicaine elle-même, on peut dire que les principes de cette institution n'en sont point altérés, quoique nous ayons établi que ces principes, rigoureusement entendus, dussent appeler chaque citoyen à concourir avec un pouvoir égal aux élections. Cependant, un homme d'un grand talent, mais qui eut le malheur de vouloir presque tout soumettre à des théories générales, a dit *qu'un peuple cesse d'être libre quand son droit consiste à se faire représenter par ses députés.* Il a été réfuté en cela par un homme aussi d'un grand talent, et surtout d'un savoir profond, qui, à la vérité, se montra plus souvent son ennemi que son adversaire, mais qui cette fois du moins avait raison. Et si en effet il n'est pas possible que toute une nation se réunisse pour discuter ses intérêts, de même on peut dire qu'il ne serait guère plus raisonnable de l'appeler en masse pour la nomination de ses représentans. C'est une vérité qu'on ne pourra jamais trop répéter, puisqu'il y a encore tant de gens qui la méconnaissent : qu'il faut savoir prendre les hommes tels qu'ils sont, non tels qu'une saine philosophie pût désirer qu'ils fussent.

Or, les institutions des hommes ne pouvant jamais atteindre la perfection exacte, il s'ensuit que nous ne devons rechercher raisonnablement que la perfection qui nous est possible, et que, quand une chose est combinée de telle sorte qu'elle tend le plus sûrement au but principal et essentiel qu'on se propose, il faut dire que cette chose est celle qui convient le mieux à la nature de l'institution qu'on a voulu former. Mais si cette combinaison, sage en elle-même, qui écarte par l'exclusion ou qui frappe d'incapacité le vote de certaines classes, a lieu, non plus dans l'intérêt de la chose elle-même, mais dans l'intérêt de certaines autres classes, vous n'avez bientôt plus qu'une sorte d'aristocratie sous le nom de république, et cette aristocratie qui excite l'ambition de ceux qui la composent et la haine et l'ambition tout ensemble de ceux qui en sont exclus, provoque les troubles, et ainsi se prépare inévitablement la dissolution du corps social.

3° Il y a une autre chose encore essentielle dans les gouvernemens républicains, c'est que tous les pouvoirs ne soient que temporaires, car si l'un des pouvoirs concourant à l'action du gouvernement était inamovible, cette inamovibilité créerait encore dans le corps qui en jouirait une sorte d'aristocratie qui serait contraire aux principes du gouvernement républicain, et qui nécessairement tendrait à en déranger l'harmonie, parce qu'il est impossible qu'un corps constitué permanent ne tende pas à augmenter son pouvoir et ses priviléges aux dépens de la chose publique.

Beaucoup d'autres élémens peuvent se concevoir dans l'organisation d'un gouvernement républicain ; mais il n'entre dans notre plan, ni de les faire connaître, ni de les apprécier ; nous avons voulu faire voir seulement que ce gouvernement présentait l'idée la plus raisonnable qu'on puisse se faire d'une institution qui doit avoir pour objet de régler les devoirs et les droits des membres d'une nation. Et quelle institution en effet convient le mieux à la dignité de l'homme, que celle qui, 1° offre une constitution à laquelle ceux qui sont commis pour commander aux autres sont eux-mêmes soumis ; 2° appelle chacun à concourir à la nomination de ceux qui doivent exercer le pouvoir ; 3° ne laisse que pour un temps le pouvoir entre les mains des mêmes hommes ; d'où résulte, autant qu'on peut s'en fier aux prévisions humaines, que l'arbitraire est presque impossible, que les hommes les plus dignes seront appelés à la direction des affaires; enfin, que ceux qui auront trompé la confiance qui les avait élus, ne seront plus reportés au pouvoir qui n'est que pour un temps entre leurs mains. Ce gouvernement cependant, dans mon opinion du moins, présente de graves inconvéniens.

Bien des gens ont pensé que la république ne pouvait convenir aux grands états; j'avoue que, pour mon compte, je n'en aperçois point la raison, à moins toutefois qu'on ne pensât que, pour faire un bon choix des hommes qu'on voudrait porter au pouvoir, il fallût les connaître personnellement. Alors il serait vrai que dans un grand état le bon choix serait difficile, puisque le même individu ne saurait être connu de tous ceux qui devraient concourir à le nommer; mais on sent bien qu'on ne saurait imaginer un état si peu étendu, qui n'offrît la même difficulté. Il faut donc reconnaître que le choix ou l'élection ne peut être déterminé, en général du moins, que par la réputation que peuvent s'acquérir les hommes dans l'exercice des fonctions qu'ils auront remplies, et ce mode d'élection semble applicable tout aussi bien aux grands qu'aux petits états. Avant l'heureuse découverte de l'imprimerie qui a rendu la publicité si facile, on avait peut-être raison de penser que la république, et on aurait pu dire en général tout gouvernement quelconque par élection, ne pouvait guère convenir qu'aux petits états. Aujourd'hui même, cela pourrait peut-être se dire encore des états où la presse étant enchaînée, la grande masse n'a point de connaissance, ou qu'une connaissance imparfaite des actes de l'administration en général, et de ceux de chaque homme employé au pouvoir; mais quand tout cela serait vrai, il serait toujours certain, si cette objection est la seule, et je n'en puis guère concevoir d'autres, qu'avec les moyens qu'on aurait maintenant, il serait facile d'approprier la forme républicaine même à un grand état; il est bien vrai que presque toutes les anciennes républiques n'avaient qu'un petit territoire; il y a plus, c'est que le corps républicain n'était réellement que dans une seule ville : cette ville seule formait ses institutions, nommait ses magistrats et faisait ses lois, qu'elle imposait ensuite à tous les peuples soumis à sa domination. Telles étaient en général les républiques de la Grèce. La république de Rome elle-même, qui finit par donner ses lois à presque tout l'univers alors connu, avait aussi son centre à Rome, et les seuls citoyens de cette ville joussaient en effet du gouvernement républicain, tandis que les autres peuples de cette vaste république subissaient le joug d'un véritable gouvernement absolu, créé par des formes républicaines. Mais, quoiqu'il ne saurait être douteux qu'un petit état, et surtout une seule ville, dût recevoir mieux la forme d'une république, qu'un grand état, on ne saurait néanmoins (tant les choses sont différentes) raisonner par analogie de ce qui se passait sous ces anciennes républiques à ce qui pourrait être aujourd'hui. Les idées beaucoup plus nettes que nous avons des formes d'un gouvernement, le bienfait de l'imprimerie qui rend les communications si faciles, l'esprit des masses enfin, si différent de ce qu'il était autrefois, peuvent très-sûrement rendre praticable ce qui, dans ces temps reculés, pouvait sembler ne pas l'être, ou ne l'était pas en effet.

Mais d'autres raisons ne me semblent faire néanmoins de la république qu'une brillante illusion. Les gouvernemens monarchiques, et plus particulièrement les gouvernemens absolus, peuvent être imposés à tous les peuples avec plus ou moins de durée, je veux dire, qu'avec des moyens de rigueur on peut soumettre un peuple à un régime absolu, quoique ses opinions y répugnent; il n'en est pas ainsi du gouvernement républicain. Ce gouvernement ne peut se soutenir que par l'assentiment de tous, ou, du moins, de la majorité, et cela est facile à sentir, puisque le concours de tous est essentiel pour sa marche. Il y a donc nécessité que les formes républicaines soient dans les esprits, dans les mœurs des peuples avant d'être érigées en gouvernement; c'est pour cela qu'on a dit avec beaucoup de raison que la principale vertu des sujets d'une république était le patriotisme. Le patriotisme, en effet, peut seul soutenir les républiques, et, sans cette vertu, qui est le goût et l'amour des institutions, il n'y a pas de gouvernement républicain possible.

Mais quand on trouverait un peuple dont les mœurs seraient propres à recevoir la forme du gouvernement républicain, ce ne serait point assez pour garantir sa durée. Chacun, sous une république, pouvant aspirer au faîte du pouvoir, il est naturel que les ambitions s'éveillent. Les uns seront guidés par une noble ambition, le désir d'être utile à la chose publique; d'autres ne seront poussés que par un intérêt personnel, soit celui des honneurs ou de la richesse, soit celui plus naturel encore de la domination. On sent bien que ces derniers seront ceux qui gagneront plus facilement la confiance de leurs concitoyens, parce qu'ils seront plus intrigans et plus persévérans que les premiers, parce qu'il est toujours facile d'ailleurs à l'homme adroit

BIBLIOTHÈQUE ROYALE

de se couvrir des dehors des vertus républicaines, et qu'on sait enfin combien il est aisé d'obtenir les faveurs populaires. L'homme arrivé par ces moyens à la souveraine puissance ne mettra pas moins de soins à la conserver, qu'il n'en a employés pour l'obtenir. Par les moyens que suggèrent les circonstances, il tâchera de se faire un parti puissant. Maître, en quelque sorte, ou du moins, directeur de l'administration du gouvernement, il cherchera un appui dans les hommes qui y tiennent, dans l'armée même dont il sera le chef, ou, quand il ne le serait pas, il pourra se faire encore des partisans, et, si enfin à tous ces moyens, il joint (comme il est naturel de le supposer) le caractère d'un homme qui veut tenter un coup d'état, sera-t-il donc impossible qu'il n'opère un changement dans la forme du gouvernement?

Soutenant un jour cette opinion devant quelques personnes, on me demanda de déterminer dans quelles circonstances le chef d'une république pourrait ainsi opérer une révolution. Je ne pus, dans le moment, satisfaire à cette question, et j'avoue que la réflexion ne m'a pas fourni plus de ressource. Non, en effet, je ne saurais déterminer quelles circonstances données pourraient convenir à l'événement que je suppose; mais je sens très-bien, et j'en suis moi personnellement convaincu, que l'homme ambitieux et ferme s'emparant des mille vicissitudes que peut présenter la situation mobile d'un état, pourra, s'il sait les ménager avec art, garder, par usurpation, le pouvoir que d'abord il avait tenu de la confiance de ses concitoyens. Et, sans parler des révolutions des anciennes républiques, notre époque ne nous a-t-elle pas montré Napoléon rétablissant un pouvoir, et, ce qui peut-être est plus encore, *un mot* que quelques années auparavant on avait attaqué et combattu avec tant de fureur?... Mais précisément, ont dit quelques-uns, c'est que les peuples étaient lassés des crimes auxquels ils avaient été entraînés par un mouvement qu'ils n'avaient pu maîtriser; ils avaient longtemps gémi sous l'oppression de plusieurs tyrans, et ils reçurent Napoléon comme un génie régénérateur. Cela n'est pas exact, car le 18 brumaire lui-même fut une usurpation. Admettez pourtant que Napoléon fut fait consul par le consentement du peuple français, du moins est-il qu'il se fit empereur par usurpation. Mais quand il n'en serait pas ainsi, quand une circonstance particulière, eût-elle la puissance d'une nécessité, eût favorisé l'usurpation de Napoléon, cette circonstance serait-elle donc la seule qui pût le conduire au pouvoir? Tout récemment encore, ne venons-nous pas de voir don Miguel manquer au serment juré la veille, briser la Charte constitutionnelle de son frère, et s'asseoir, en roi absolu, sur un trône usurpé? et de semblables faits ne montrent-ils pas aux peuples que, du moins, les usurpations ne sont pas une chose impossible?

Il y a plus. Si le gouvernement républicain est bien entendu, les pouvoirs doivent être enchaînés en quelque sorte, l'autorité doit être divisée et répartie avec le plus d'égalité possible; en un mot, l'ensemble doit être fort; mais chaque partie doit être faible, de manière qu'elle serait impuissante si elle tentait de s'isoler. Cet état de choses est excellent pour fonder une forte et bonne administration, et il peut suffire à une nation tranquille; mais supposez une crise subite et violente, soit qu'elle s'élève au dedans, soit qu'elle résulte d'une attaque au dehors, cette combinaison de pouvoirs ne pouvant agir qu'en commun, et qui de là tirent leur force pendant la paix, pourra compromettre le salut de l'état au moment de la crise; la nécessité d'une prompte défense demandera une volonté active, dégagée de toutes entraves; enfin à l'instar des anciennes républiques, vous serez amené peut-être à créer une dictature ou quelque chose qui y ressemblera beaucoup; et de la dictature à la tyrannie pense-t-on qu'il y ait loin ? Je sais bien que les occasions de dictature devront être désormais fort rares dans les états de l'Europe ; mais peut-être encore ne sont-elles pas impossibles, et mille autres circonstances d'ailleurs peuvent porter celui qui tient les rênes du gouvernement à retenir un pouvoir prêt à lui échapper et qui a tant d'attraits pour celui qui déjà l'exerce. Et quand enfin un ambitieux, téméraire ou incapable, ne tenterait qu'une usurpation insensée, il aura du moins excité une révolution, et c'est un fléau si terrible que les hommes sages doivent tout tenter pour le prévénir. Ils le doivent surtout si, dans une autre forme de gouvernement, ils trouvent tous ou presque tous les avantages qu'offre une république dégagée de tous les inconvéniens que j'en crois inséparables. Or, tel paraît être le gouvernement monarchique appuyé sur une sage constitution.

CHAPITRE IV.

DU GOUVERNEMENT MONARCHIQUE CONSTITUTIONNEL.

Le gouvernement absolu choque la raison de tout homme qui se respecte ; le gouvernement républicain, dont les théories sont si belles et si bien en harmonie avec les pensées généreuses, offre dans la pratique de graves inconvéniens ; le gouvernement monarchique constitutionnel représentatif semble tenir le milieu entre ces deux gouvernemens, ou plutôt il se rapproche infiniment plus du gouvernement républicain.

En effet, le gouvernement monarchique représentatif bien entendu se compose d'élémens divers qui, comme dans le gouvernement républicain, exercent réciproquement les uns sur les autres une sorte de contrôle, et qui tous doivent concourir à un but commun. Dans la composition actuelle des gouvernemens représentatifs connus, il entre trois élémens qui constituent la souveraine puissance, et je crois que c'est la meilleure forme qu'on pût imaginer. Mais ce qui me paraît essentiel à ces gouvernemens, c'est 1° qu'il y ait une loi fondamentale ou constitution de l'état, à laquelle tous les pouvoirs doivent être soumis; 2° que le roi, qui est le chef de l'état, soit inamovible et que son titre soit héréditaire; 3° que l'un des pouvoirs soit composé de membres inamovibles et à la nomination du roi; 4° que le troisième pouvoir soit composé de membres élus par le peuple et nommés pour un temps déterminé.

Par l'exposition de ces premiers principes, on doit sentir que l'institution monarchique représentative se rapproche infiniment du gouvernement républicain, puisqu'elle offre ces deux garanties principales : 1er que les droits et les devoirs réciproques de ceux qui commandent et de ceux qui obéissent sont fixes, déterminés et inviolables; 2e que le peuple est appelé à concourir à une administration qui ne regarde que lui. Mais, pour la bien apprécier, il faut voir en particulier chacun des élémens qui la composent, et en même temps nous examinerons les objections qui y sont faites ou qu'on y peut faire.

§ Ier.

IL DOIT Y AVOIR DANS LES MONARCHIES REPRÉSENTATIVES UNE LOI FONDAMENTALE OU CONSTITUTION DE L'ÉTAT, A LAQUELLE TOUS LES POUVOIRS DOIVENT ÊTRE SOUMIS.

Toute société organisée ne peut se maintenir

que par des règles fixes et obligatoires qui déterminent les droits et les devoirs des citoyens entre eux et à l'égard de la masse : de là la nécessité de constituer des pouvoirs qui aient capacité pour établir ces règles, surveiller la conduite des citoyens, les contraindre à se soumettre aux règles établies, et conduire, en un mot, l'administration de la chose publique. Ces pouvoirs, avec le peuple, forment les divers élémens dont se compose la nation. Mais on sent bien qu'il faut aussi des règles qui déterminent les rapports de ces divers élémens entre eux, et c'est la loi qui contient ces règles qu'on appelle loi fondamentale, ou constitution de l'état. La monarchie représentative suppose nécessairement un accord, une volonté refléchie du peuple pour poser les bases du mode de gouvernement qu'il se choisit. De là résulte qu'une constitution ou loi qui les contienne est essentielle à la monarchie représentative. Nous avons fait voir que dans les gouvernemens absolus la constitution de l'état n'avait à peu près pour objet que de déterminer la manière dont le pouvoir serait transmis, sans s'occuper des intérêts du peuple. Il n'en est pas ainsi dans le gouvernement monarchique représentatif. Dans ce gouvernement, la constitution de l'état ayant au contraire pour objet essentiel de régler les droits et les devoirs réciproques des divers élémens qui composent la nation, il est évident que les pouvoirs constitués eux-mêmes, qui entrent dans ces élémens, doivent y être soumis. D'un autre côté, nous venons de dire que le gouvernement représentatif ne se fondait que par une volonté réfléchie des peuples ; il est donc, à proprement parler, le fruit d'une convention unanime, et de là résulte que les bases en doivent être inviolables et sacrées. Le gouvernement de France a sa loi fondamentale ou constitution. Cette loi est appelée Charte, et c'est elle qui règle les formes du gouvernement, établit la distinction des différens élémens dont se compose la nation et détermine les rapports entre eux.

§ II.

LE ROI EST INAMOVIBLE ET SON TITRE HÉRÉDITAIRE.

L'inamovibilité est une chose tellement essentielle que, sans elle, il n'y aurait plus de monarchie : il suffit donc de dire qu'elle est dans la monarchie sans qu'il soit besoin de démontrer qu'elle doit y être. Si, en effet, l'on ne veut admettre l'inamovibilité dans le roi, il est évident que ce ne sera pas cette inamovibilité que vous rejetterez, mais bien la monarchie elle-même.

Il n'en est pas tout-à-fait ainsi de l'hérédité du

titre. Cette hérédité n'est pas tellement essentielle que sans elle il n'y aurait pas de monarchie. On peut concevoir très-bien une monarchie fondée sur les mêmes principes, mais élective au lieu d'être héréditaire; seulement alors ce serait une monarchie différente, mais ce serait encore une monarchie. Il en faut convenir même, la royauté héréditaire offre en soi une idée qui choque la raison, et il n'est sûrement pas une personne raisonnable et de bonne foi qui pût l'admettre si, à l'avance, elle n'a senti qu'elle est une nécessité politique fort bien entendue. Il répugnera toujours, en effet, à l'homme de sens que la naissance puisse devenir un titre au droit de commander les nations. Il arrive aussi de là que certains esprits qui ne veulent voir les choses qu'en spéculation, sans tenir compte des imperfections humaines, rejettent tout gouvernement monarchique, parce qu'ils ne peuvent admettre comme une institution bonne celle qui, dans ses élémens, offre une idée si choquante. Mais dans toute institution, c'est plutôt l'ensemble et le but proposé qu'il faut considérer que chacune de ses parties en particulier. Si l'on pouvait s'assurer de la vertu du prince élu, s'il était impossible que l'ambition ou l'intérêt particulier pût jamais entrer dans le cœur d'un roi assis sur le trône, il faudrait à jamais s'en tenir à l'élection, qui laisse aux nations le droit qui semble leur appartenir essentiellement, celui de choisir le chef qui doit les gouverner. Mais la vérité des choses est loin de là. D'abord un bon choix par élection n'est jamais assuré, parce que, ainsi que déjà nous avons essayé de le démontrer, toutes les ambitions étant excitées par l'attrait d'un pouvoir que chacun peut obtenir, il arrivera infailliblement qu'une fois ou une autre la couronne sera donnée, non pas au mérite, mais à l'intrigue d'un ambitieux. Puis, pût-on même s'assurer toujours d'un bon choix (ce qui n'est pas), qui garantit que l'homme vertueux, parvenu au trône, ne se laissera pas aller aux sollicitations si séduisantes de l'ambition? L'expérience de tous les temps (et notre époque, plus qu'aucune autre peut-être, montre cette vérité avec plus d'évidence) n'apprend-elle pas que les honneurs, les hautes fonctions, le pouvoir, qui est un si dangereux écueil pour les vertus privées, ont presque toujours changé le caractère des hommes? Et enfin, soit que le chef n'ait jamais envisagé le pouvoir et ne l'ait sollicité que dans le but coupable de le faire tourner à son intérêt particulier, soit qu'il perde sur le trône les premières vertus qui l'y avaient porté, soit même que, comme chef, il conservât encore toutes les vertus qui conviennent à son état, n'est-il pas vrai que, pour la propre gloire de son nom, que par l'amour de ses enfans, que par mille autres circonstances plus faciles à supposer qu'à déterminer, il pourra désirer de perpétuer en sa famille le pouvoir qu'il tient. Dira-t-on (et cette objection m'a été faite quelquefois) que cela ne sera pas possible si la constitution est forte et bien appropriée aux besoins des peuples? Je réponds que la perfection dans les hommes, ou son intérêt bien entendu, dont chacun aurait la conscience, n'étant qu'une jolie chimère, je ne connais aucun moyen qui puisse arrêter infailliblement l'ambition d'un chef qui sait ménager les circonstances et les conduire avec art. D'ailleurs, j'ajouterai encore que, quand l'entreprise ne devrait pas réussir, il sera toujours certain que cette forme de gouvernement devrait être une occasion fréquente de désordres, d'inquiétudes, de troubles civils même, et que de semblables inconvéniens doivent toujours être soigneusement prévenus. Or, tel a été le but de la royauté héréditaire. Personne (je parle des hommes qui ont traité ces matières avec bonne foi) ne l'a jamais considérée comme une idée en soi raisonnable et sublime; mais la réflexion, l'expérience ont fait reconnaître qu'elle était une nécessité préférable aux modes qu'on pouvait lui opposer, et c'est en la considérant ainsi que des esprits sages et éclairés ne refusent point aujourd'hui de l'adopter. *On dit que l'hérédité est un frein à l'ambition; on a raison, si on la restreint à certaines fonctions* (*Histoire de la Révolution française*, par Thiers, tom. X, pag. 61); et là se trouve toute la justification du principe de la royauté héréditaire.

Si d'ailleurs le pouvoir héréditaire a toujours quelque chose qui répugne à la raison, ce vice est corrigé dans les gouvernemens représentatifs. 1° L'éducation du prince héréditaire sera mieux soignée que dans le gouvernement absolu : on pourrait même, pour s'en assurer mieux, déterminer par une loi la manière dont seraient élevés les princes. Cette question a été récemment agitée en France, et je pense, pour mon compte, que les héritiers présomptifs de la couronne étant à bien dire les enfans de la nation, la nation ne devrait être étrangère à rien de ce qui concerne leur éducation. Quelques feuilles publiques, qui n'ont d'ailleurs fait jusqu'ici que montrer leur haine opiniâtre pour nos institutions nouvelles, ont cru flatter le prince en disant qu'il rentrait dans sa prérogative royale de diriger seul l'éducation du jeune héritier de son trône; mais le temps viendra sans doute où l'on sentira qu'à la place des adulations, qui forment aujourd'hui toute la politique d'un certain parti, et qui ne peuvent que corrompre les vertus même des rois, il est plus digne en même temps du sujet et du prince de dire que la vraie prérogative royale que doit envier le chef d'une monarchie représentative n'est pas tant de pouvoir suivre en tout sa volonté seule, qui souvent peut être égarée par des conseillers perfides, que de s'unir à la nation et concourir avec elle à assurer le bonheur de tous.

Quoi qu'il en soit, d'un autre côté, si les princes sont eux-mêmes sincèrement attachés aux principes constitutionnels, et c'est ce que doivent assurer les bienfaits de ce gouvernement quand ils seront bien sentis, si les conseillers de la couronne le sont également, lors même qu'il n'y aurait pas de loi qui le garantît à l'avance, on devra espérer néanmoins que l'héritier présomptif recevra une éducation conforme à la haute et noble mission qui doit un jour lui être confiée, et tout cela, on le sent bien, ne peut se faire à l'égard d'un prince déjà absolu sous un roi absolu.

2° Si dans les gouvernemens absolus il y a une absurdité, qui révolte l'humanité elle-même, à confier au hasard de la naissance le droit d'exercer sur des hommes réunis en société une puissance souveraine et absolue, il n'en est pas encore ainsi dans un gouvernement représentatif. Malgré la différence de l'éducation, il pourra arriver cependant que, tout aussi bien que dans le gouvernement absolu, il vienne s'asseoir sur le trône d'une monarchie représentative un prince qui en soit tout-à-fait indigne, soit par son incapacité, soit par ses passions et ses vices; mais du moins ce qui serait dans le gouvernement absolu la calamité la plus grande qui pût frapper un peuple, ne sera dans la monarchie représentative qu'un inconvénient, grave il est vrai, mais dont les funestes résultats peuvent être atténués. Dans les détails de l'administration qui lui est confiée, un mauvais prince pourra commettre des injustices, faire des actes contraires au bien de l'état; il pourra surtout empêcher le bien; mais du moins il ne pourra ni changer les lois existantes ni en faire de nouvelles sans le concours des deux autres pouvoirs, et l'on voit par là que le mauvais prince lui-même ne saurait être essentiellement nuisible aux peuples; car telle doit être aussi dans les monarchies représentatives la combinaison bien ordonnée des trois pouvoirs, que chacun d'eux soit à peu près impuissant pour faire le mal, et que néanmoins le roi, par une heureuse prérogative attachée à la souveraineté, quoiqu'il n'ait pas un pouvoir absolu de faire le mal, puisse, s'il est digne du rôle élevé qu'il occupe, seul et sans le concours des deux autres pouvoirs, assurer et augmenter le bonheur de ses peuples.

Mais lors même qu'on reconnaîtrait à la monarchie représentative héréditaire tous les avantages que je viens d'indiquer, peut-être encore opposera-t-on que le roi héréditaire lui-même, s'il est ambitieux, pourra tout aussi bien que le chef d'une monarchie élective, tout aussi bien que le chef d'une république, tendre à la tyrannie; qu'ainsi toutes les formes de gouvernemens présentent les mêmes inconvéniens, et que dans cet état de choses le mieux est de s'en tenir au gouvernement qui, tant qu'il existe, est celui du moins qu'on reconnaît répondre le mieux aux idées que peut se faire l'homme raisonnable, de l'institution qui règle les droits d'une nation, et qui est la république.

On ne saurait nier en effet qu'un roi héréditaire lui-même ne puisse tendre à la tyrannie, et, par exemple, à la place d'un gouvernement représentatif qui gêne son pouvoir, essayer de faire un gouvernement dont il deviendrait le chef unique, c'est-à-dire un gouvernement absolu. Mais toutefois il faut bien considérer que la position des uns et des autres n'est pas la même.

Quant au chef de la république, il ne saurait

y avoir aucune comparaison à faire entre lui et le chef héréditaire d'une monarchie. Le chef de la république n'a qu'un pouvoir temporaire : il est naturel qu'il essaie de le perpétuer. Ce désir sera évidemment ce qui devra principalement exciter son ambition, par suite occasioner les révolutions; or, de ce côté l'ambition du chef héréditaire est plus que satisfaite, puisque non-seulement le pouvoir lui est assuré pendant sa vie, mais qu'encore il est sûr de le transmettre à sa postérité. En ce qui regarde le chef électif d'une monarchie, il y a encore une distance infinie de lui au chef de la monarchie héréditaire. Ainsi que je l'ai déjà dit, et cela me paraît une vérité sans réplique si l'on veut réfléchir sur le penchant du cœur humain, le chef électif d'une monarchie aura toujours le désir de perpétuer la suprême puissance dans sa famille. C'est ce désir que j'ai assigné comme principale cause des troubles auxquels pourrait être exposé le gouvernement monarchique électif, et l'on voit que cette cause n'existerait point encore dans le gouvernement héréditaire. Il y a une autre raison de différence qui doit frapper tous les esprits. Si le chef électif ne réussit pas dans l'entreprise qu'il aura tentée, il n'aura fait que perdre un pouvoir qui devait s'éteindre avec lui. Le chef de la monarchie héréditaire aura fait bien plus que cela; il n'aura pas seulement perdu son pouvoir, mais en lui il aura éteint une *dynastie*. Quelle énorme différence! Et si le chef de la monarchie élective ose s'exposer à perdre la souveraine puissance même qu'il tient pour rendre son pouvoir héréditaire, c'est-à-dire créer une dynastie, il est naturel de penser que, par une raison contraire, le chef héréditaire, qui déjà possède cet avantage, trouvera un frein puissant à son ambition dans la crainte même de le perdre. D'un autre côté, dans une monarchie héréditaire et représentative sagement organisée, le rôle du roi est assez beau, assez brillant (et il y a nécessité qu'il le soit) (1), le roi jouit de priviléges assez grands pour que son ambition soit satisfaite, et l'on doit difficilement présumer qu'il renonce à de si grands avantages pour se soumettre, en cherchant un pouvoir nouveau, aux hasards d'une entreprise incertaine qui pourrait le perdre et ne devrait, après tout, presque rien ajouter à sa puissance.

(1) L'histoire prouve qu'il faut diviser infiniment les magistratures; ou que si on établit un chef unique, il faut le doter si bien qu'il n'ait pas envie d'usurper. Les rois de Danemarck, de Suède, de Pologne, placés en présence du pouvoir, n'ont pu se résigner à n'en avoir qu'une petite partie, et ont fini par l'envahir tout entier. (*Histoire de la Révolution*, par Thiers, tom. 2, pag. 3.)

Le gouvernement représentatif héréditaire a encore sur le gouvernement électif ce grand avantage, que l'ordre de la succession au trône étant réglé, aucune ambition ne s'agite pour y parvenir, et personne en effet, s'il n'est fou, ne songera jamais, dans un gouvernement représentatif bien organisé, à se faire porter au pouvoir souverain; tandis que, dans un gouvernement électif, toutes les fois qu'il y a lieu à une élection nouvelle, chacun peut se présenter aux suffrages de ses concitoyens; le nombre des concurrens sera d'autant plus grand, que l'événement aura été prévu long-temps à l'avance, et que plusieurs, avec bonne foi, auront pu se croire dignes de la place que doit laisser vacante le décès impatiemment attendu de celui qui l'occupe, et dans ce débat de tant d'intérêts opposés et contraires, n'est-il pas facile de prévoir que des troubles pourront être excités? Si néanmoins les révolutions peuvent être évitées, il est encore d'autres maux qui sont inévitables. Chacun des concurrens aura eu son parti qui était plus ou moins fort; il arrivera donc nécessairement que l'élection, quelle qu'elle soit, fera des mécontens de tous les partis vaincus, et ainsi s'alimentent, par la forme même du gouvernement, une opposition constante et ennemie contre le chef élu, et des discordes éternelles entre les citoyens : mal inappréciable aux yeux de l'homme honnête, et que prévient presque le gouvernement héréditaire, puisque, sous ce gouvernement toujours le même, s'il est sage, on peut espérer que le temps, la force de l'habitude réuniront toutes les opinions, autant toutefois que cet immense bienfait est possible, au milieu de tant d'intérêts contraires qui se rencontreront toujours dans les réunions d'hommes.

Ainsi, de tous les bienfaits que me semble offrir la monarchie héréditaire, de tous les maux qu'elle prévient, des inconvéniens infiniment moins graves qu'elle présente ; comparée à la monarchie élective, je conclus que le titre héréditaire ou la légitimité est essentiel à la monarchie représentative.

§ III.

L'UN DES POUVOIRS DOIT ÊTRE COMPOSÉ DE MEMBRES INAMOVIBLES, ET A LA NOMINATION DU ROI.

Dans la monarchie représentative, on trouve deux élémens principaux qui constituent la nation ; ces deux élémens sont le roi et le peuple ; mais ils sont placés à des extrémités différentes. On suppose que le roi tend toujours à augmenter sa puissance, le peuple sa souveraineté ; il fallait donc entre ces deux élémens, un élément intermédiaire qui en fût l'arbitre et le régulateur en quelque sorte ; cet élément intermédiaire est le pouvoir dont nous nous occupons maintenant. Nous avons déjà annoncé qu'il existait un troisième pouvoir, dont les membres sont élus par le peuple, et il y avait nécessité dès-lors, que les membres de celui-ci fussent soumis à une influence différente : leur nomination a été confiée au roi. Cela peut sembler une contradiction, puisque, d'après ce que nous venons de dire, ce pouvoir étant une sorte de juge ou de médiateur entre le roi et le peuple, la nomination n'en devrait appartenir ni à l'une ni à l'autre des parties intéressées; cependant, comme le roi et le peuple forment toute la nation, il y avait nécessité de placer le corps intermédiaire sous l'influence de l'un ou de l'autre, et, dans cette extrémité, il était raisonnable de préférer l'influence du roi à celle du peuple. Le troisième pouvoir, qui est nommé par le peuple, est spécialement chargé de veiller à ses intérêts; si le pouvoir intermédiaire est aussi nommé par lui, il aura donc le même esprit que le troisième; car il est sans le moindre doute que le peuple, qui aura la nomination de l'un et de l'autre, s'efforcera de composer les deux d'hommes qu'il se supposera également dévoués, et ainsi, dans la supposition établie, et qui est vraie, que le roi et le peuple ont toujours une tendance à agir l'un contre l'autre, il arrivera que deux des trois pouvoirs agiront d'accord contre le troisième : par là, comme on voit, l'équilibre serait détruit, et sans équilibre l'économie de l'institution aurait bientôt cessé d'exister. Cet inconvénient n'aura pas lieu si le corps intermédiaire est placé sous l'influence du roi. Les membres des deux corps étant choisis par le peuple, et pris dans son sein, auraient un intérêt identique avec lui; il serait donc naturel, ainsi que nous venons de le dire, qu'ils s'accordassent pour le soutenir : il n'en sera pas ainsi d'un corps constitué par le roi; les membres de ce corps, quoique nommés par le roi, n'auront jamais un intérêt identique avec lui, et quoiqu'il puisse également faire choix d'hommes qu'il se supposera dévoués, il sera toujours certain que ces hommes ne seront jamais rois comme lui, et ainsi il n'y a pas de raison essentielle qui puisse les faire supposer entièrement disposés à satisfaire ses désirs, et à faire sa volonté.

Toutefois, pour qu'il n'en fût pas ainsi, il était nécessaire de leur accorder l'inamovibilité. L'inamovibilité, en effet, est la principale garantie de l'indépendance des corps constitués, et il est facile de sentir que, sans elle, le corps dont la composition serait confiée au roi serait à peu près à la discrétion de ce dernier. De cette inamovibilité du corps composé par le roi, résulte encore un autre avantage, c'est que, placés dans une position élevée dont ils ne peuvent sortir, les membres de ce corps formeront de fait une classe à part, et qu'étant ainsi séparés du peuple, quoique sortis de son sein; mais restant encore au-dessous du roi, qui tient la sommité du corps de la nation, ils seront placés dans un juste milieu entre le peuple et le roi, et ne devront ainsi avoir d'intérêt exclusif ni pour l'un ni pour l'autre.

On doit apercevoir d'ailleurs qu'un corps ainsi constitué était nécessaire pour maintenir l'équilibre de l'économie du gouvernement monarchique représentatif. Premier corps de l'état après le roi, ayant une part active à l'administration du gouvernement, on peut lui supposer facilement le désir de conserver une position si brillante, et comme il serait incompatible tout aussi bien avec le gouvernement absolu qu'avec la république, il se trouve, par sa position même, dans la nécessité de combattre et arrêter les empiétemens des deux autres pouvoirs l'un sur l'autre; ce corps enfin doit être le véritable palladium des principes de la constitution; et tout récemment en France, sous une administration maintenant déchue, nous l'avons vu en effet devenir la seule garantie des droits du peuple et de ses institutions contre les excès d'un pouvoir corrompu qui voulait tout détruire.

Ainsi, ce que j'ai dit du corps qu'en ce moment j'examine doit démontrer qu'il est essentiel à la monarchie représentative, et que ses membres doivent être inamovibles, et nommés par le roi.

En France, ce corps est un des élémens de notre gouvernement, et il porte le nom de pairie : ses membres ne sont pas seulement inamovibles, ils peuvent être héréditaires suivant la volonté du roi. L'hérédité des titres, et surtout de ceux qui peuvent donner au titulaire une part à l'action du gouvernement, étant en soi une chose qui choque toute idée de raison et de justice, on ne doit la faire passer dans les institutions que quand il y a absolue nécessité, et c'est ainsi que nous avons regardé comme une chose essentielle dans la monarchie représentative, l'hérédité du titre de roi, qui constitue la légitimité; mais nous ne voyons pas de même que l'hérédité de la pairie soit essentielle, et nous croyons qu'il eût été mieux de ne pas l'admettre.

Ce que nous avons dit d'un seul individu ne saurait s'appliquer à un corps, et ainsi on ne peut jamais craindre que ce corps, étant inamovible, n'abuse du pouvoir ou de l'influence qu'il peut avoir pour se rendre héréditaire. Ce n'est pas là non plus ce que l'on a craint ; mais on a pensé que l'hérédité étant une prérogative de plus, elle devait intéresser d'autant plus les pairs au maintien de la monarchie. Il n'est pas douteux que plus un corps jouira de prérogatives dans un état de choses quelconque, plus les membres en seront fortement attachés à cet état. Mais si la pairie, qui est la première dignité du royaume, ne fût-elle pas héréditaire, confère néanmoins des priviléges assez étendus et assez beaux à ceux qui en sont revêtus pour les intéresser au maintien de la monarchie, cela suffit, et c'était là tout ce qu'on devait considérer.

L'hérédité de la pairie, telle qu'elle est établie par notre constitution, offre d'ailleurs une contradiction avec la propre nature de l'institution. Nous avons fait voir que ce corps devait être indépendant, et c'est pour cela que l'inamovibilité est de son essence. Mais si de ce que l'hérédité est facultative, suivant la volonté du roi, il résulte que le roi peut rendre la pairie héréditaire dans le titulaire qui n'avait d'abord été nommé qu'à vie (question qu'on a récemment discutée dans le journal ministériel, et qui, quoi qu'on en ait dit, me paraît fort douteuse), on détruit par là son indépendance, puisqu'on peut obtenir sa soumission par l'appât d'un titre qu'il n'a pas, et qui est une sorte de grade supérieur dans le corps même où il est. De là résulte encore un autre inconvénient : car l'hérédité de la pairie étant facultative suivant la volonté du roi, il arrive que des pairs sont à vie, les autres héréditaires, ce qui établit des différences dans les membres d'un même corps, et par là peut nuire, en excitant les rivalités et les jalousies, à la liberté et à l'impartialité des opinions. L'expérience, il est vrai, n'a pas appris que cet inconvénient se soit réalisé, quoiqu'il soit possible; mais cette circonstance-là même tend à démontrer que l'hérédité n'était pas absolument nécessaire, puisque les pairs même qui n'en jouissent pas ont montré qu'ils pouvaient se satisfaire de leur position. Et s'il est vrai que la pairie héréditaire n'était pas une chose essentielle au maintien de la monarchie, il faut bien convenir qu'elle est une anomalie dans une constitution sage.

§ IV.

LE TROISIÈME POUVOIRS EST COMPOSÉ DE MEMBRES ÉLUS PAR LE PEUPLE ET NOMMÉS POUR UN TEMPS DÉTERMINÉ.

Le roi et le peuple, comme je l'ai déjà dit,

forment ensemble la nation, et le principal bienfait qu'offre la monarchie représentative, c'est que ces deux élémens doivent concourir à l'action du gouvernement. Nous avons vu que le roi exerçait une double influence sur cette action. D'abord, parce que lui-même est un pouvoir, et le premier, puis en nommant les membres de l'un des deux autres pouvoirs; il était donc juste que le peuple nommât les membres du troisième, qui sont ses mandataires, et par lesquels il exerce ainsi dans l'administration de la chose commune la part d'action qui lui est accordée. Mais il convenait en même temps que les membres de ce troisième pouvoir ne fussent nommés que pour un temps déterminé; car, si ce pouvoir était inamovible ainsi que le second, comme celui-ci il formerait une classe à part, et cela serait contraire à la nature de son institution, puisque étant spécialement chargé de l'intérêt du peuple, il convient que ses membres ne cessent point d'en faire partie. Si, d'un autre côté, il est de l'essence du second pouvoir d'être indépendant, il est au contraire de l'essence, si l'on peut le dire, du troisième de ne l'être pas. Je m'explique : mandataires du peuple, les membres du troisième pouvoir lui doivent compte de leur conduite, et si le peuple n'a pas le pouvoir de les révoquer suivant sa volonté, il faut du moins que, n'étant lié que par un mandat à terme, il puisse, à l'expiration de ce mandat, ou réélire ses anciens mandataires, s'ils ont rempli dignement la mission qu'il leur avait confiée, ou en choisir de nouveaux si, au contraire, ils ont trompé sa confiance. Par une autre raison encore, les membres du troisième pouvoir ne doivent pas être inamovibles, parce qu'il est nécessaire que le peuple qu'ils représentent puisse, par des réélections fréquentes, se choisir des organes vrais de son opinion et de ses besoins nouveaux. Et enfin, si les trois corps étaient permanens, il n'y aurait plus de monarchie représentative; ce ne serait en réalité qu'une aristocratie composée.

De tout cela, on doit conclure qu'il est de l'essence de l'institution du troisième pouvoir, pour être en harmonie avec son but, et se trouver dans un rapport juste avec l'économie du gouvernement monarchique représentatif, que les membres en soient élus par le peuple, et qu'ils ne soient pas inamovibles.

En étudiant la composition de ce corps, sa coopération dans l'action du gouvernement, on aperçoit de suite quelle doit être son influence. Les deux autres corps ne peuvent agir sans lui, les trois corps devant concourir pour former les lois; et, comme il n'était pas possible que le peuple (j'entends la masse) pût se gouverner par lui-même, lui accorder une part active et essentielle à l'administration du gouvernement, lui donner par là le droit de surveillance sur tous les actes de cette administration, de repousser même toute loi ou mesure qui lui semblerait contraire à ses intérêts, était sûrement une prérogative belle, et la seule qu'il pût désirer; et c'est par là qu'il me semble que tout homme sage, voulant sincèrement le bien de son pays, doit s'attacher à la monarchie constitutionnelle représentative qui, dans sa combinaison, paraît devoir assurer infailliblement le bonheur de tous.

Le corps dont les membres sont nommés par le peuple est aussi l'un des élémens de notre gouvernement en France, et il porte le nom de Chambre des Députés. D'après la constitution de l'état, les députés devaient être nommés par les citoyens payant 300 francs de contributions directes, et ils devaient être élus pour cinq ans, de manière que la Chambre fût renouvelée par cinquième. Ces deux dispositions, qui étaient principales, ont été modifiées depuis. Une première loi a fait deux classes d'électeurs, l'une, de ceux qui paient 300 francs de contributions, l'autre, de ceux qui en paient une plus forte quotité, pris parmi les premiers, et qu'on a constitués sous le nom de grand collége. Une autre loi a dit que les députés seraient nommés pour sept ans, et qu'ils seraient renouvelés, non plus chaque année et par portion, mais intégralement tous les sept ans. Ces deux modifications sont deux infractions évidentes au pacte fondamental.

Soutenir que les bases de notre gouvernement, établies par ce pacte, dussent à jamais rester inviolables, serait peut-être un principe trop absolu et contraire à la saine raison, qui doit vouloir que les institutions, devant toujours être appropriées le mieux possible aux mœurs des peuples, reçoivent les modifications que réclament celles qui se seraient opérées dans les mœurs elles-mêmes, et, parce qu'encore l'expérience pouvait démontrer que ce qui avait paru bon, ou ne le fut pas, ou put être amélioré. Mais en même temps il faut reconnaître que ces améliorations ne doivent avoir lieu que quand une expérience sagement réfléchie en a démontré la nécessité absolue, et ce n'est pas assez que l'expérience parût, aux yeux de quelques-uns, réclamer des modifications, ces modifications ne devraient être opérées qu'avec des précautions, des formes et des solennités qui leur donnassent, autant que cela est possible, l'assentiment de tous. Or, ces conditions ont-elles été observées à l'égard des deux infractions que nous venons de signaler? Voyons la première.

Ainsi que dans le gouvernement républicain, il est de la nature de la monarchie représentative d'étendre le plus que cela est possible le concours du peuple à l'action du gouvernement; ce concours s'exerce non par lui-même, ce qui ne pouvait pas être, ainsi que nous l'avons déjà dit, mais par des représentans qu'il nomme; c'est donc par la nomination de ses représentans que le peuple exerce réellement, dans l'administration de la chose publique, la part d'action qu'il doit avoir d'après la constitution; et s'il n'est pas possible, d'après les raisons que nous avons eu occasion d'en donner sur un autre chapitre, d'appeler la masse du peuple à prendre part à cette nomination; il est sûr du moins que, dans le véritable esprit de cette institution, on doit y admettre tous les citoyens qu'on peut raisonnablement supposer capables d'un vote éclairé et consciencieux. Or, en France, ce droit n'était accordé qu'à ceux qui payaient 300 fr. de contribution directe, c'est-à-dire qu'environ quatre-vingt mille électeurs étaient appelés à représenter trente millions d'individus. Ce droit devait donc sembler assez restreint, car il n'est pas possible d'admettre qu'on ne pût trouver en

France que quatre - vingt mille individus capables de bien apprécier leurs droits. Cependant, ce n'est pas pour étendre le nombre des électeurs qu'a eu lieu l'infraction; on n'a pas osé non plus le diminuer; mais, par une combinaison qui devait paraître impossible sous l'empire de l'acte de constitution, on a paralysé l'influence de ceux qu'on ne pouvait écarter. Quoiqu'en France il n'y ait plus de priviléges, et que tous les citoyens soient égaux devant la loi, il est pourtant vrai que le peuple est encore divisé en deux classes; la classe roturière, qui forme la classe du peuple proprement dit, et la classe des nobles, qui forme une aristocratie; c'est au profit de cette dernière classe, qui est la plus riche, qu'a été médité le changement, et on a accordé un double vote au quart des électeurs pris parmi les plus imposés, en leur conférant le privilége inouï de se présenter aux deux colléges différens que forment les deux classes. Pour justifier cette mesure, on a dit qu'elle avait pour objet de consolider la monarchie, en accordant une influence plus grande à ceux qu'on y supposait les plus attachés; c'était un mensonge, et chacun sentit que c'était un premier pas, et un pas immense vers l'ancien régime. La monarchie constitutionnelle, en effet, avait déjà un appui puissant dans le roi lui-même et la chambre des pairs; et cet appui se fortifiait encore de l'influence que pouvaient avoir dans les élections populaires cette même chambre des pairs et l'aristocratie nobliaire qui n'en étaient point exclues. Ajouter à cette influence, c'était donc évidemment déranger l'équilibre des trois élémens de la monarchie représentative, et comment ne sent-on pas qu'attaquer cet équilibre, et vouloir détruire des institutions qui sont aujourd'hui dans nos mœurs, c'est compromettre bien plus la royauté elle-même que le peuple dont on devrait toujours craindre les excès quand on le force à reconquérir ses droits?

On pouvait, au contraire, sans déranger cet équilibre, appeler à la nomination des députés une plus grande masse de citoyens; car ce n'eût pas été étendre ses prérogatives et sa puissance, mais seulement rendre plus vraie, plus solide et plus ferme, la part d'action qu'il doit avoir. Que les députés, en effet, soient nommés par trois cents mille individus, au lieu de ne l'être que par quatre-vingt mille, ils ne formeront toujours qu'un pouvoir placé en présence des deux autres; seulement alors il y aura plus de garantie que les choix tomberont sur des hommes plus sincèrement amis du peuple et de ses intérêts, et encore une fois c'est le but vers lequel on doit toujours tendre, et l'on peut dire que s'il n'y avait encore un grand nombre de gens intéressés à fausser tous les principes, on sentirait que chez une nation éclairée, et lorsque les bienfaits de la monarchie constitutionnelle sont à peu près généralement reconnus, on pourrait, sans danger, étendre le droit électoral. Un écrivain, cependant, dont les nouveaux principes d'ailleurs ont surpris à tant d'égards, a pensé que quatre-vingt mille électeurs pris parmi le peuple donnaient à ce dernier une influence encore trop grande; mais on a dit qu'il était malade, et je le crois, car je ne concevrai jamais qu'un homme raisonnable ne veuille pas reconnaître que les gouvernemens sont établis dans l'intérêt seul des peuples, et non pour les dompter, mais pour les protéger. Et sur ce principe, tellement vrai, qu'aucun homme n'aurait le courage de le nier ouvertement, il est évident qu'au lieu de diminuer le nombre des électeurs, on devrait l'augmenter; mais quoique des modifications en ce sens fussent conformes au véritable état de choses en France, il faut s'abstenir de les réclamer, parce qu'à moins d'un danger certain, on ne doit point ébranler des institutions nouvelles, dont on compromet toujours le sort, ne fût-ce que parce qu'on s'habitue ainsi à les respecter moins, en leur portant des atteintes particulières. Le seul vœu qui soit permis, mais que tout homme sage doit faire, c'est que du moins l'ancien état de choses soit rétabli; si, en effet, on veut franchement rentrer dans le régime légal, le double vote ne peut plus exister, car non-seulement il est contraire à la nature de l'institution, puisqu'il tend à diminuer l'influence du peuple sur des nominations qui n'appartiennent qu'à lui; mais encore, en lui-même et de sa propre nature, le double vote est contraire à l'esprit de l'acte fondamental, qui ne reconnaît plus de priviléges, et déclare tous les Français égaux devant la loi, et que ce double vote néanmoins crée un privilége, et le plus important qu'on puisse concevoir dans l'économie de notre gouvernement, en accordant à une certaine classe, à l'exclusion d'une autre, le droit de voter dans deux colléges; d'où résulte que les électeurs de la classe exclue, appelée cependant par la Charte à nommer tous les députés de la France, n'en nomment en effet que les trois cinquièmes. Mais quand tout cela ne serait pas vrai, la novation qu'on a faite au droit électoral n'a point été soumise aux épreuves qu'il conviendrait de faire subir à toute novation qu'on voudrait introduire dans l'acte fondamental, et cela seul réclame le retour à l'ancien ordre de choses. La Charte, il est vrai, n'a prescrit aucune épreuve; mais elle n'avait pas prévu non plus les changemens qu'on devait lui faire subir, et dans cet état de choses il y avait nécessité, commandée par la raison et l'exacte justice, de commencer de déterminer comment des changemens pourraient être faits avant d'en faire aucun..... Voyons maintenant l'autre modification.

Le ministre qui a présenté la loi qui avait pour objet de rendre la chambre septennale a fait deux classes principales de dispositions de la Charte : il a appelé les unes fondamentales, les autres simplement règlementaires, et c'est dans celles-ci qu'il a rangé la disposition qui disait que les députés seraient nommés pour cinq ans, et qu'ils seraient renouvelés par cinquième. Sans m'occuper maintenant de l'intention qui dirigeait le ministre, ou de l'influence qu'il pouvait subir, j'avoue que je partage son opinion. Il suffit, à mon gré, de lire la Charte, pour s'assurer que certaines de ses dispositions doivent paraître fondamentales, parce qu'elles posent les principes essentiels, sans lesquels l'état de choses qu'elle a voulu créer cesserait d'exister ; que d'autres, au contraire, qui ne sont que des moyens de mettre en action ces principes mêmes, devaient paraître susceptibles de modifications suivant le temps, les circonstances, les mœurs introduites dans les esprits des peuples, et enfin l'état matériel lui-même de la France ; car était-il possible de fixer invariablement des droits qui reposent sur des bases essentiellement mobiles ? Ainsi, les dispositions qui avaient fixé le nombre des députés, le cens éligible, le cens électoral, ne pouvaient jamais paraître de nature à subsister infailliblement toujours ; cependant, comme ces dispositions n'en sont pas moins en elles-mêmes, et sauf les modifications dont elles sont susceptibles, des dispositions essentielles puisque les principes fondamentaux de notre constitution, ne reçoivent de vie que par des moyens d'exécution, quels qu'ils soient, qui les mettent en action, il fut sage, peut-être, de les placer dans un pacte qui était la loi du peuple et de son roi, et qui était recommandé au respect et à l'amour de tous ; mais en même temps, comme il n'est jamais possible de contrarier, au moins d'une manière durable, la nature des choses, il fallait reconnaître qu'on y pourrait faire plus tard les modifications que l'expérience rendrait nécessaires. Ce sage principe a été admis quant à la disposition qui maintenait l'institution du jury, et cela était juste ; mais il fallait l'étendre à tout ce qui de sa nature pouvait paraître susceptible de mobilité.

Mais en admettant qu'il y eût dans la Charte

des dispositions fondamentales, et des dispositions, qu'avec le ministre j'appellerai règlementaires, celle qui a été modifiée par la loi de la septennalité appartenait-elle à ces dernières? Je le crois encore. Presque toutes les dispositions de la Charte, sauf celles que j'ai indiquées ci-dessus, pouvaient paraître fondamentales, et je crois qu'on eût pu, sans inconvénient, poser comme telle celle qui disait que les députés seraient nommés pour cinq ans et renouvelés par cinquième; mais, rigoureusement parlant, on ne peut pas dire que cela fût essentiel. On pouvait prévoir qu'un mode différent pût devenir nécessaire, soit quant à la durée du temps pour lequel étaient nommés les députés, soit quanr à leur renouvellement. J'admets donc que la disposition dont s'agit fût susceptible de subir des modifications; mais il me paraît que celle qui a été faite est plus qu'inopportune.

Des députés nommés pour cinq ans et *renouvelables* par cinquième, tels qu'ils étaient créés par la Charte, me semblent la plus heureuse combinaisons que, dans les circonstances présentes, je puisse concevoir; et ce qui me paraît plus certain encore, c'est que la septennalité est tout-à-fait en désaccord avec le but bien entendu de l'institution, et pourrait être essentiellement nuisible au pays. Il convenait que les citoyens, nommés députés, fussent assez long-temps à la Chambre pour pouvoir prendre connaissance de l'ensemble des affaires publiques, et agir ainsi en pleine connaissance de cause dans le plus grand intérêt du pays; mais il convenait en même temps que des choix fréquens et nouveaux vinssent représenter la véritable opinion publique, et manifester les besoins nouveaux du peuple, et ce sont ces deux intérêts qu'il fallait savoir combiner, que conciliaient heureusement la nomination des députés pour cinq ans et leur renouvellement par cinquième. Au contraire, faire une chambre compacte, qui doit être renouvelée tous les sept ans, c'est se soumettre avec volonté à une révolution nouvelle à chaque période de sept années. C'est en effet ce qui vient d'arriver en France par l'exécution de cette dangereuse loi de la septennalité. Cette révolution, il est vrai, s'est faite dans l'intérêt du pays, mais elle pouvait s'opérer dans un sens contraire, et l'on peut prévoir avec certitude qu'un règne tranquille de sept ans de l'administration qui avait préparé cet événement, qui avait tant fait d'efforts honteux pour le faire tourner à son profit, achevait la ruine de tous les principes constitutionnels et des garanties que devait nous assurer la Charte. Ce danger peut se renouveler encore. Que des conseils perfides, que des inquiétudes affectées parviennent à tromper le cœur du prince, qu'on réussisse enfin à ne lui montrer son peuple que comme un peuple d'ennemis qui veulent briser son trône, des hommes semblables à ceux qu'un élan public a repoussés, plus hardis, peut-être, pourraient être portés au pouvoir, et par des manœuvres mieux combinés, des moyens de fraude franchement avoués s'il le faut, mais plus efficaces, est-il donc impossible qu'on n'imposât encore à la France une Chambre servile et à gages, qui consommât l'œuvre de la révolution qu'on avait déjà si avancée dans l'intérêt du pouvoir absolu ? Enfin il suffisait de savoir que la Charte donnait au roi le droit de dissoudre, à sa volonté, la Chambre des députés, et tout le monde devait sentir que si ce droit fut une mesure sage sous l'empire des principes entiers de la Charte, parce qu'on pouvait craindre dans les esprits des effervescences passagères qu'il était utile de pouvoir réprimer, on devait sentir, disons-nous, que ce droit placé en présence de la septennalité ne pouvait plus être qu'un instrument d'oppression. Qu'importent, en effet, les efforts d'un peuple qui lutte courageusement contre un pouvoir corrompu qui veut l'asservir? Qu'importent les bons choix qu'il aura faits? D'un mot l'administration détruit son ouvrage. Mais si au contraire à force de dégoûts, de fraudes, de tous les moyens honteux qu'emploient les factions dirigées par des hommes qui n'ont plus rien à perdre dans l'opinion des peuples, l'administration obtient enfin une chambre qui veuille s'associer à ses coupables desseins, la nation reste enchaînée sous ses coups, et on la conduit sans défense sous le joug qu'on lui prépare.

Il me paraît donc que la septennalité, dans notre constitution, est un germe permanent de révolution possible, et non moins que le double vote, la France doit désirer qu'elle soit promptement proscrite. Comme cette dernière mesure d'ailleurs, la septennalité, qui était une infraction à la Charte, n'a point subi les épreuves que je regarde comme indispensables pour de semblables changemens, et sous ce rapport, moins que le double vote encore, elle ne saurait conserver sa place dans nos institutions ; car le double vote du moins était offert aux délibérations d'hommes qui pouvaient sembler désintéressés ou n'avaient qu'un intérêt commun dans la question, tandis que la septennalité était offerte à des hommes qui seuls en devaient profiter ; et des députés, qui ne pouvaient être élus que par le peuple et qu'il avait nommés pour cinq ans, se jouant lâchement du mandat qui leur avait été confié, n'eurent pas honte de se déclarer permanens pour une période de sept années ! Un pareil scandale était inouï et il ne devait pas survivre au pouvoir effronté qui l'avait donné au monde.

La septennalité cependant trouve encore des partisans même dans les défenseurs sincères de nos institutions, et j'ai entendu dire à un député éclairé qui tient l'un des premiers rangs parmi ceux-ci, que la septennalité en effet pouvait servir les libertés publiques, en ce que, suivant lui, la fraction d'un cinquième, qui arriverait chaque année dans la Chambre des députés, prenant l'esprit du corps, pourrait s'y fondre sans en changer l'opinion, tandis qu'un renouvellement intégral y établirait une opinion sûre et décidée; et à l'appui de ce raisonnement il citait les soixante-seize, introduits dans la Chambre des pairs, qui n'ont pas déplacé l'opinion de cette chambre, ainsi que l'avaient espéré ceux qui les y avaient portés. Je crois que cet honorable député n'avait point assez réfléchi sur la distinction qu'on doit faire entre deux corps qui ont en effet une nature toute différente. La chambre des pairs étant un corps permanent, il peut se faire qu'il s'y contracte une opinion prédominante, dirigée vers une doctrine quelconque, qui forme ce qu'on appelle l'esprit du corps, et à laquelle se rangent, sauf quelques nuances, tous les membres nouveaux à mesure qu'ils y arrivent, et cela peut se dire surtout peut-être quand il ne s'agit que de quelques individus, formant une très-légère fraction, entrant dans le corps. Mais il n'en peut être ainsi de la Chambre des députés : corps essentiellement mobile, il n'est guère possible qu'il s'y forme une opinion prédominante, qui suppose une tendance persévérante, difficile à admettre dans un corps dont les membres se renouvellent sans cesse ; et l'expérience en effet vient confirmer cette opinion. Les députés élus ont déjà leurs places connues à la Chambre dès le moment de leur nomination, et s'il est arrivé à quelques-uns d'en changer, ce n'a sûrement pas été parce qu'ils se seraient rangés à l'esprit de corps, mais bien parce que l'ambition les a entraînés ou parce que leurs opinions se sont sincèrement modifiées. Il y a encore une autre raison et plus forte de ce qui s'est passé à la Chambre des pairs. Les pairs, à mesure qu'ils prennent place à la Chambre, deviennent indépendans du pouvoir qui les a nommés, et comme l'homme ne soumet jamais qu'à contre-cœur sa volonté à celle d'un autre, il arrive de nécessité qu'en acquérant l'indépendance ils recouvrent leur liberté. Voilà ce qui explique la conduite des soixante-seize dans la Chambre des pairs ; en un mot, par leur nomination même, ils sont devenus indépendans et libres, et cela ne fait que démontrer mieux le principe, que j'ai établi plus haut, que l'inamovibilité était de l'essence de la pairie pour qu'elle ne restât pas soumise au pouvoir qui la composait. Mais on ne pourrait pas dire la même chose des membres de la Chambre des députés. D'abord le peuple étant libre de ses choix, peut ne les porter que sur des hommes dignes de sa confiance; puis les députés ne deviennent pas, par leur nomination, indépendans du pouvoir qui les a nommés : ils n'ont qu'une fonction temporaire, et ils ne pourraient pas, ainsi que les pairs, se jouer impunément de la confiance qui la leur avait conférée. Il est donc évident qu'on ne saurait assimiler avec justesse deux corps dont la constitution est si différente, et qu'ainsi l'on n'a point à craindre que les nouveaux députés, prenant place à la Chambre, se laissent entraîner par ce qu'on appelle esprit de corps.

Quoi qu'il en soit, je n'en crois pas moins que cette fois en effet la septennalité a été salutaire aux vrais intérêts du pays, et cela indépendamment de l'événement qui le justifie, parce que, dans cette lutte générale, que tout le monde savait être décisive, le zèle a été excité, et l'opinion publique éclairée sur les dangers que couraient nos institutions, a fait des efforts que n'eût pas produits sans doute un simple renouvellement partiel, qui eût semblé moins important; mais cela ne saurait justifier la mesure en elle-même qui, on doit le reconnaître, ne pouvait convenir qu'à des intérêts particuliers, non aux intérêts généraux, qui seront toujours très sûrement représentés par le renouvellement quinquennal si l'opinion reste libre de se manifester.

CHAPITRE V.

CONCLUSION DE CE QUI A ÉTÉ DIT DANS LES CHAPITRES PRÉCÉDENS.

Avoir exposé les formes des trois gouvernemens que nous avons examinés dans les chapitres qui précèdent, balancé les avantages et les inconvéniens qui peuvent résulter de chacun d'eux, c'est avoir fait connaître suffisamment que de ces trois formes de gouvernemens c'est le gouvernement monarchique représentatif qu'on doit préférer. Cependant, il faut convenir que ce gouvernement n'a point encore l'assentiment général. Mettant à part des nuances d'opinions qu'on ne saurait définir, et qui sont en tout cas sans importance, la monarchie représentative, telle que que nous l'avons en France, a contre elle deux opinions principales; l'une qui veut le pouvoir absolu ou l'anéantissement de nos institutions, qui pourrait conduire à l'ancien régime, l'autre qui préférerait la république.

Le gouvernement absolu étant en soi ce que la raison peut concevoir de plus hideux, il est impossible que ceux qui y tendent songent à l'intérêt général, et, s'ils le soutiennent, ce n'est point par conviction qu'il est le meilleur, mais parce qu'il pourrait mieux servir leurs intérêts. On ne saurait donc ramener ce parti par le raisonnement; mais faire connaître ses doctrines, dévoiler son but, serait le plus grand service qu'on pût aujourd'hui rendre à la France.

Plus en politique qu'en toute autre chose on doit dire que l'intérêt est la mesure des actions et des opinions des hommes. Il importe donc, pour apprécier la sincérité des opinions de chacun, de rechercher quel pourrait être son intérêt à préférer tel ou tel état de choses. Or, le parti qui s'agite en France pour s'opposer aux progrès des principes constitutionnels, se compose des jésuites, réunissant à eux la partie du clergé qui tient aux doctrines ultramontaines, de partie de l'ancienne noblesse et des gens crédules ou hypocrites que les premiers se sont attachés par le fanatisme ou l'ambition. Ce parti néanmoins soutient qu'aussi lui il veut la Charte, mais en même temps il veut, nous dit-il, défendre la religion et le roi, qu'il prétend être en péril. Peut-on le croire de bonne foi? Voilà la première question qu'il faut se faire, et de là passer aux faits.

Laissant à part les gens crédules ou hypocrites dont je parlais tout à l'heure, gens toujours attachés au parti qui promet de mieux payer leurs services et leur soumission, je m'occuperai seulement des jésuites et de la noblesse. Voyons d'abord les jésuites :

Les jésuites ont toujours tendu à la domination, et dans tous les états qui les ont supportés et tant qu'ils ont pu s'y maintenir, ils n'ont jamais travaillé qu'à l'assurer et l'étendre. Cette vérité peut être niée par eux et leurs organes, mais elle est incontestable ; car, qu'à tort ou à raison on ait condamné leurs doctrines, (et comment admettre que tant de peuples aient pu se méprendre sur la pureté de leurs intentions ?) toujours est-il certain que partout où ils ont été ils ont éveillé l'attention publique, et cela démontre invinciblement qu'ils n'ont pu vivre nulle part en simples citoyens. Or, ce système de domination ne peut évidemment s'accommoder du régime de la Charte, qui est le régime de la loi, qui a réglé les différens pouvoirs, déterminé la puissance de chacun, consacré l'égalité de tous, et notamment la liberté de conscience en matière de religion, tandis que le principe le plus immuable des jésuites est l'intolérance. D'ailleurs pour assurer cette domination vers laquelle tendent tous leurs efforts, les jésuites ont besoin de l'abrutissement et de l'asservissement des peuples, et cela encore est peu compatible avec le régime de la Charte. Je n'entends pas absolument qu'ils veuillent proscrire toute éducation,

(ils ne l'oseraient pas !) mais enfin, ce qui est certain, c'est qu'ils craignent que l'éducation ne se répande trop, et que celle qu'ils donnent n'est qu'une éducation tronquée. Pour tout homme qui a voulu le remarquer, les élèves qu'ils forment et ceux surtout qui ont adopté leurs doctrines, au moment du moins où ils sortent de leurs mains, n'ont, avec une apparence de bonne éducation, même d'une éducation brillante, qu'un esprit étroit, des vues bornées, et sont à peu près incapables des pensées généreuses et élevées qui devraient être le résultat d'une véritable éducation éclairée. Je prévois les mille et une objections que les jésuites pourront me faire, et, par exemple, ils diront qu'à la place de ces idées prétendues nobles et hardies, ils inculquent à leurs élèves des principes de religion, de morale, et qu'en un mot c'est plus encore leur cœur que leur esprit qu'ils s'appliquent à former. Je n'ai pas pour le moment à répondre à cette question que l'expérience d'ailleurs a résolue ; mais j'examine un fait que je crois vrai, c'est que les jésuites ne veulent donner et ne donnent en effet qu'une éducation timide et tronquée.

C'est ainsi cependant que, donnant à leurs élèves une éducation qui les prépare à recevoir leur doctrine, les jésuites espèrent consolider et perpétuer leur domination. Mais, encore une fois, ils aperçoivent bien que ces systèmes vieillis doivent tomber si les idées libérales se répandent, et de là il est facile de s'expliquer pourquoi tant d'efforts pour les étouffer. Le gouvernement absolu, au contraire, est ce qui convient à leurs desseins, parce que, auxiliaires presque indispensables d'un pouvoir détesté, ils ont dans ce gouvernement une grande part de l'autorité, et c'est ainsi qu'on les voit aujourd'hui commander presque souverainement en Espagne et en Portugal. Si donc on veut considérer de sang-froid quelle est en France la position des jésuites, les doctrines qu'il professent, les vues vers lesquelles ils ont toujours tendu, il sera sans le moindre doute que si c'est leur propre intérêt qui détermine leurs opinions politiques, le gouvernement constitutionnel ne sera pas celui qu'ils devront préférer. Il faut dire la même chose de la partie du clergé qui tient aux idées ultramontaines, et qu'on a heureusement désignée par le nom de parti prêtre. Voyons maintenant l'ancienne noblesse.

Dans son cahier de 1614, la noblesse demandait « Que les ambassades, charges de » guerre, de la maison du roi et de la reine leur » fussent affectées; qu'il fût fait distinction des » gentilshommes de quatre races et des nouveaux » anoblis par charges; qu'on interdît aux non-

» nobles les arquebuses, les pistolets, etc. ; que » les filles nobles, quoique majeures, ne pussent » se marier à des personnes de *vile et abjecte con-» dition*, sans le consentement de quatre de leurs » principaux parens ; qu'on supprimât toutes » les pensions accordées à des personnes du tiers-» état ; que les nobles fussent exempts de la con-» trainte par corps pour les procès perdus contre » les roturiers ; qu'on établît une distinction dans » les habits, suivant la condition des person-» nes ; etc... » La noblesse n'oserait plus aujourd'hui tenir le même langage ; mais ses idées cependant ont peu changé. Or, dans l'état de choses qu'a créé la Charte, la noblesse conserve, il est vrai, ses titres, mais elle reste soumise *aux charges et devoirs de la société*, et n'est plus en possession des priviléges immenses que lui assurait l'ancien état de choses, et qu'elle voulait étendre encore par son cahier de 1614. Travailler pour ramener cet ancien état de choses, ce serait donc travailler à reconquérir ce qu'elle croit être des droits enlevés, et de là résulte que si la noblesse ne veut non plus voir que son intérêt particulier, ce n'est pas le régime de la Charte qu'elle doit soutenir. Et, s'il est bien démontré que les jésuites et la noblesse, en ne consultant que leur intérêt particulier, ne peuvent aimer la Charte, le nouvel état de choses qu'elle a créé et les garanties qu'elle nous donne, est-ce donc à ces gens-là qu'il faut s'en fier pour diriger l'opinion publique en France!... Voyons les faits.

La Charte repose sur des principes libéraux, proscrit l'arbitraire, fonde enfin ce beau gouvernement qui unit le peuple à son roi pour concourir au bonheur commun. Si donc les jésuites, l'ancienne noblesse et tout ce qui marche avec eux aiment sincèrement la Charte, ils doivent aimer partout les principes qu'elle consacre, condamner ceux qui lui sont contraires. Eh bien! ils ont détesté Canning et nous vantent Wellington, ils admirent Ferdinand qui a répudié les cortès, et le roi-modèle enfin est ce don Miguel, parjure et usurpateur, qui a brisé la Charte de son frère!... En faut-il donc davantage pour éclairer sur leurs vues? Que les jésuites vantent les douceurs du gouvernement absolu, qu'ils veuillent croire que ce gouvernement soit celui qui convient le mieux au bonheur des peuples, permis à eux; mais qu'ils le disent franchement, et que, dans des feuilles prétendues dévotes et qui leur sont dévouées, ils ne viennent pas chaque jour nous parler de leur dévouement à des institutions que, par leurs vœux et leurs doctrines, ils essaient constamment d'anéantir. Et comment, en effet, pourraient-ils être attachés à nos institutions et avoir les vertus de l'honnête citoyen, ces hommes qui sont sans famille, sans patrie, sans affections même, qui ont leurs doctrines particulières, et qui, enfin, ont un maître à l'étranger auquel ils ont promis soumission aveugle! Il n'en est pas tout-à-fait ainsi de l'ancienne noblesse: au moins les membres de la noblesse sont en même temps membres de la grande cité; à ce titre ils peuvent jouir comme tous les autres des bienfaits de la Charte, et de là est résulté aussi qu'une partie notable de cette classe s'est enfin franchement rattachée à la masse, et consent aujourd'hui à jouir avec elle d'un bonheur commun.

Mais s'il est vrai que ce parti, tant des jésuites que de la noblesse, ne veut point de nos institutions, peut-on penser du moins qu'il veuille en effet la religion et la royauté dont il se dit le défenseur? Sur ce point encore il faut s'entendre. Les jésuites veulent la religion, sans doute, parce que la religion est nécessaire à leurs desseins, et que c'est sur elle qu'ils s'appuient; mais c'est la religion suivant leurs doctrines. Il est bien démontré aujourd'hui que ce n'est pas la religion en elle-même que veulent les jésuites: comme corps, ils ne l'ont jamais honorée, toute leur histoire l'atteste, et, sans rappeler tous les faits qu'elle présente, il suffit de s'arrêter sur la manière dont, de nos jours, ils l'interprètent. Tout homme doit respecter la vérité, haïr le mensonge, la déloyauté; mais l'homme dévot doit plus rigoureusement encore tenir à ces maximes. Or, c'est déjà beaucoup, dans mon opinion, contre la sincérité, qu'on voudrait accorder aux jésuites que la clandestinité elle-même avec laquelle ils se sont introduits en France, et pendant si long-temps s'y sont maintenus. Combien de temps, en effet, ont-ils fait nier effrontément par leurs organes avoués, à qui rien ne coûte, qu'ils existassent en France! et il a fallu qu'un ministre du roi, après avoir reçu leurs ordres sans doute, et parce que l'occasion semblait opportune, vînt à la tribune, et, à la face de la France et de l'Europe, leur donner un démenti public. Or, la morale bien entendue n'admet point qu'on se soutienne ou qu'on se défende par de semblables moyens. Si les jésuites se croyaient sincèrement utiles en France, ils devaient aussi franchement s'annoncer; s'ils savaient, au contraire, qu'il ne pouvaient y être qu'une occasion de désordres, la simple morale politique leur commandait de se dissoudre, et la morale de la religion, si je la conçois bien, leur faisait un devoir d'abandonner un pays qu'ils pouvaient troubler, car je ne saurais admettre le trouble excité volontairement, lors même qu'il aurait la défense de la religion pour objet;

mais en tous les cas, du moins, tout homme honnête sentira que les jésuites ne devaient jamais vivre en France à l'abri du mensonge.

Les élections ont donné de nouvelles preuves de la mauvaise foi des jésuites. Je veux bien admettre qu'on prenne avec bonne foi des opinions absurdes ; je conçois que des hommes égarés par un intérêt quelconque fassent avec bonne foi des vœux pour le renversement de nos institutions, mais ce qui jamais ne saurait être toléré, c'est qu'on soutienne ses opinions par le mensonge et la fraude (1). Or, tout le monde connaît les élections de 1824 et de 1827. A la place de théories qu'on peut toujours nier et expliquer, elles nous ont laissé des faits qui sont incontestables. On sait que c'est en écartant des électeurs compétens, en appelant des individus qui étaient sans titre qu'on avait obtenu la Chambre de 1824, maintenant appréciée et jugée par l'Europe. Tout le monde connaît la manière honteuse avec laquelle les élections de 1827 avaient été préparées : on sait qu'une administion qui avait à l'avance pris ses mesures et préparé ses moyens, donna dix jours à la France pour trouver et faire inscrire ses électeurs et nommer ses députés, et cependant les feuilles

(1) On voit qu'en écrivant ceci je n'avais pas encore entendu parler de la nouvelle brochure de M. Cottu.

de la congrégation, vendues aux jésuites et soutenues par eux, ont défendu, légitimé ces moyens, et les hommes qui ont favorisé et soutenu ces scandales osent encore aujourd'hui se dire défenseurs de la religion ! Est-ce donc ainsi qu'on montre son respect pour elle !...

L'avénement de don Miguel, enfin, au trône de Portugal, n'est-il pas venu assigner aux doctrines religieuses des jésuites le juste rang qu'elles méritent? Que les jésuites aient pensé que don Miguel eût un droit légitime au trône de Portugal, je le veux, et, pour mon compte, quoiqu'il me paraisse démontré que, d'après le droit public de ce pays, la couronne appartient légitimement à don Pédro, empereur du Brésil, je ne puis admettre, en thèse générale, que les couronnes puissent ainsi se transmettre par la seule volonté des princes, et je crois que don Pédro, en acceptant l'empire du Brésil, devait perdre tout droit au royaume de Portugal, car il est contre le bon sens et la justice qu'une métropole devienne, par le caprice de son roi légitime, simple colonie ou province, en quelque sorte, d'un autre empire. Quoi qu'il en soit, le droit public de Portugal donnait à don Pédro un droit légitime à la couronne de ce royaume, et jamais du moins prince n'usa plus noblement d'un pareil droit, puisqu'il semble qu'il ne l'ait accepté que pour essayer de faire le bonheur de ses sujets, en abdiquant ensuite un titre qu'il sentait ne devoir pas conserver. Mais enfin, que don Miguel néanmoins ait pensé qu'il fût le souverain légitime du Portugal, on peut encore l'admettre; mais alors, du moins, il devait franchement invoquer ses titres..... Mais accepter le titre de régent, que lui donnait son frère, entrer en Portugal comme lieutenant du roi, jurer sur l'Évangile la Charte donnée par celui-ci, et le lendemain la briser et se faire proclamer roi absolu, voilà ce que l'homme de bien n'avouera jamais; les jésuites vont pourtant plus loin! Ils s'interposent entre don Miguel et l'Évangile, et parceque don Miguel n'aura pas touché le livre saint il pourra impunément devenir parjure et profanateur, et cet homme, couvert de l'opprobre et du mépris du monde, reçoit pourtant encore l'encens et les adulations des jésuites, de leurs affidés et de tous leurs organes. Quelle leçon pour les peuples! et la France doit-elle rester dupe encore long-temps d'un parti qui prend si peu de soin de cacher sa honte et ses infamies?

Voilà pour la religion. Voyons ce qui regarde la royauté. Les jésuites veulent aussi la royauté parce que la royauté est essentielle à leurs desseins, mais c'est une royauté à leur façon. Les jésuites et le parti qui les suit en France se disent éminemment royalistes; mais, pour savoir comment ils aiment le roi, il suffit d'étudier leurs doctrines, et qui pensera qu'ils puissent aimer le roi constitutionnel de France, ceux qui ne font que proclamer leur admiration pour tous les rois absolus de l'Europe, et n'ont pas honte de faire publiquement l'apologie de don Miguel! Aussi, portant le scandale jusque dans la chaire, qu'ils ne savent pas même respecter, ne les a-t-on pas entendus eux et leurs dignes organes calomnier la mémoire de Louis XVIII qui nous a donné la Charte, et censurer Charles X lui-même parce qu'il l'a acceptée? Qu'on lise enfin les journaux qui reçoivent leurs confidences, et l'on connaîtra le roi qu'ils pourraient aimer. Ainsi, la *Gazette*, dans une lettre d'un prétendu correspondant d'Allemagne, qui avait pour objet l'éloge de l'ex-ministre Villèle, et dont lui-même a dû rougir s'il n'en était l'auteur, nous faisait ingénument l'aveu de ses doctrines. Si les peuples de ce pays, disait la *Gazette*, ne jouissent pas de la liberté de la presse, s'ils n'ont pas nos institutions, ils ont la *bonté* du roi qui assure leur bonheur..... La bonté du roi! Malheureux! vous diriez aussi bien la bonté du roi d'Espagne, la bonté de don Miguel, et pense-t-on qu'avec ces vues en politique, que commande leur intérêt, ils puissent aimer Charles X s'il veut franchement le régime de la Charte? Des protestations d'amour! oh! sans doute, ils en ont pour tout le monde!... Des protestations ne sauraient coûter plus qu'un serment qu'on brise le lendemain, et chaque jour leurs feuilles en sont pleines. Cependant l'on attaque tous les actes du gouvernement, tout ce qui a mérité l'approbation du roi; mais qu'importe? la *Gazette* dit qu'elle l'aime, et cela sauve tout. On peut aimer le roi, je le sais, et attaquer les actes du gouvernement; c'est même le privilége essentiel d'un gouvernement représentatif constitutionnel; mais ce droit, en vérité, ne devrait appartenir qu'à ceux qui en adoptent tous les principes, non pas aux gens pour qui dans les gouvernemens la volonté du roi doit être tout. Car en effet, sous une administration qu'eux seuls osaient défendre, ils criaient tous les jours aux oreilles du souverain qu'on tendait à la révolution, parce qu'on ne respectait pas les actes *mêmes* qui avaient obtenus sa sanction, parce qu'on osait attaquer des fonctionnaires qui étaient honorés de la confiance du roi; enfin grand étalage alors de beaux sentimens de respect et d'amour. Pourquoi tout à coup ce changement de langage? et comment ne pas voir au milieu de tout cela que leurs petits intérêts sont la seule mesure de leur affection comme de leur haine?

Ces gens-là toutefois ne sont pas les seuls ennemis de nos institutions, et la monarchie constitutionnelle reçoit d'une autre part des attaques différentes. Si les jésuites trouvent que la Charte accorde trop, d'autres trouvent qu'elle n'accorde pas assez, et l'on ne peut se dissimuler qu'il existe en France des hommes qui voudraient débarrasser nos institutions de la royauté, qu'ils n'aiment point ou ne peuvent admettre dans leurs spéculations politiques. Ces hommes enfin voudraient rétablir la république. Nous avons dit qu'on ne pouvait avec bonne foi tendre au gouvernement absolu; faut-il dire la même chose de ceux qui tendent à la république? Nous avons fait voir combien étaient belles les théories d'un gouvernement républicain, combien elles convenaient aux idées de la saine raison, et quoiqu'en même temps, pour qui veut y réfléchir avec calme et sans prétention, ce gouvernement doive dans la pratique offrir de graves inconvéniens, il est pourtant vrai que bien des gens encore croient que la république est le seul gouvernement qui puisse faire le véritable bonheur des peuples. Il faut donc admettre que ceux-ci sont de bonne foi; mais par-là même on doit peu s'en effrayer, car on peut espérer du moins que si on parvient à leur démontrer que la monarchie constitutionnelle est le gouvernenement qui peut le plus sûrement garantir le bonheur de la nation, ils s'y rattacheront franchement parce qu'ils n'ont en vue que le bien général. On peut dire d'ailleurs que ces derniers appartiennent, pour le plus grand nombre, à la classe des jeunes gens. Presque tous les jeunes gens en effet qui professent les idées libérales, ne pouvant ou ne voulant pas encore tenir compte de l'expérience qui d'ailleurs ne semble être à leurs yeux qu'un vain fantôme, ne s'attachent qu'aux théories, et ceux-là mettent au-dessus de tous les gouvernemens la république, qui paraît offrir à leurs esprits l'idée du juste et du beau; mais ce que chacun a pu remarquer aussi, c'est qu'avec les années ces opinions trop absolues se modifient, et qu'il y a peu d'hommes instruits, ayant atteint l'âge de vingt-cinq à trente ans, qui de bonne foi soutiennent encore le gouvernement républicain, alors qu'ils ont pu apprécier notre monarchie constitutionnelle représentative et en étudier le mécanisme admirable.

Mais il en faut convenir, parmi ceux qui tendent à la république, tous ne sont pas dans la classe de ceux dont je viens de parler. Quelques-uns ne songent qu'à satisfaire leur propre intérêt sous un gouvernement qui semble offrir des chances à toutes les ambitions; d'autres, à bien dire, n'ont pas un penchant bien décidé pour la république, soit qu'ils ne l'aient guère appréciée, soit qu'ils reconnaissent qu'elle n'est en effet qu'une belle chimère; mais ils n'aiment pas la famille actuellement régnante ou la royauté en général, et, pour secouer ce joug qu'ils ne peuvent supporter, c'est la république néanmoins qu'ils proclament, parce que ce gouvernement est le seul qu'on ose avouer quand on veut paraître ne pas se contenter de la monarchie constitutionnelle créée par la Charte; mais les uns et les autres, pas plus que les jésuites, on ne saurait les ramener par le raisonnement. Ceux qui forment ce parti ont reconnu très-bien que le régime de la Charte doit suffire à l'homme qui veut franchement le bien de son pays; mais guidés par un pur intérêt personnel, ils n'en tendent pas moins vers un autre état de choses qui pourrait mieux servir cet intérêt; la seule chose qu'on puisse faire à leur égard est donc aussi de montrer leur but, et de dévoiler leurs desseins pour rendre les citoyens justement méfians sur les doctrines qu'ils pourraient essayer de répandre. Ce parti toutefois est beaucoup moins à craindre que celui des jésuites, d'abord parce que je le crois moins nombreux, puis et surtout parce qu'on ne peut pas dire qu'il soit en France un véritable parti. Il y a bien des hommes sans doute qui demandent l'anéantissement de la royauté, mais ce ne sont que des opinions éparses, isolées, et enfin il n'y a pas en France un corps organisé, marchant d'accord et tendant vers la république; car je ne compte pas pour tel le comité-directeur dont la *Gazette* voudrait tant nous effrayer. C'est ce comité, d'après la *Gazette*, qui a donné à la France le *révolutionnaire* Royer-Collard, et pouvait-il offrir une meilleure garantie de la sincérité de ses principes? Cela veut-il dire néanmoins que parmi les gens qui ont composé le comité-directeur, aucun ne voulut la république? Je ne l'oserais soutenir, parce que je ne connais pas assez le caractère personnel de chacun pour résoudre cette question; mais ce que je crois et ce qui me paraît certain, c'est que l'esprit qui dirigeait ce comité-directeur (et j'entends ici parler de tous ceux qui ont écrit pour favoriser les élections libérales) était l'intérêt de la monarchie constitutionnelle; et s'il n'en était pas ainsi, il faudrait convenir que bien des gens s'y seraient trompés et excuseraient du moins mon erreur, car la *Gazette* n'a pas encore dit, que je croie, que les Châteaubriant, les Choiseul, et tant d'autres fussent des républicains. S'il est vrai donc que les gens qui, par ambition ou par haine de la royauté, veulent ramener la république, ne forment pas en

France un parti, ayant son centre, sa direction commune, ils sont en cela bien différens des jésuites, agissant tous sous une même volonté, et que, fussent-ils aussi nombreux que ceux-ci, ils seraient encore beaucoup moins à craindre.

Enfin si quelques-uns veulent le régime absolu, si d'autres veulent la république, heureusement il se trouve entre ces deux partis un parti mixte, c'est celui qui veut le roi et la Charte, la monarchie constitutionnelle tout entière; et ce parti, je crois, comprend la grande majorité des Français, de ceux au moins qui sont susceptibles d'avoir une véritable opinion politique. Peut-être on n'aurait pas pu dire la même chose au commencement de la restauration, et c'est mon opinion. Les prétendus libéraux de cette époque n'étaient, pour le plus grand nombre du moins, que de zélés bonapartistes mécontens, et il était difficile d'imaginer qu'en ce premier moment ceux qui avaient encensé ou admiré le gouvernement impérial, pussent tout d'un coup s'attacher franchement à la Charte, qui fondait un état de choses tout nouveau, et si loin du régime dont la France venait d'être délivrée. A cette époque enfin, il y avait peu de vrais partisans de la monarchie constitutionnelle, telle que la voulait la Charte, et on aurait pu diviser ainsi les opinions de ce temps.

1° Les royalistes, se prétendant exclusivement tels ou ultra, qui n'avaient aucune idée de la Charte et qui criaient: *Vive le roi! quand même...*; 2° les bonapartistes et les républicains qui tous ensemble se disaient libéraux; 3° mais ceux-ci en très-petit nombre, je crois, les constitutionnels, c'est-à-dire réellement amis de nos institutions nouvelles.

Parmi les royalistes de ce temps, les uns étaient ce qu'ils sont aujourd'hui, c'est-à-dire, voulant l'ancien régime et déjà détestant la Charte, que bientôt ils attaquèrent de tous leurs efforts; les autres, qui ne voulaient point l'ancien régime et n'avaient aucun intérêt à le vouloir, se réunissaient pourtant aux premiers pour crier: *Vive le roi! quand même...*, parce que, dans l'enthousiasme de leur amour pour le roi, ils ne voyaient et ne voulaient voir que lui, sans trop s'occuper de la Charte. Ceux-ci du moins étaient de bonne foi. Sûrs qu'ils étaient que les prétendus libéraux n'aimaient pas la famille royale ni en général la royauté, ils étaient en garde contre toutes leurs doctrines. A dire vrai, les libéraux, ou se disant tels, attaquaient avec tant de violence tous les actes du gouvernement, ils interprétaient si sévèrement et souvent avec tant de mauvaise foi les mesures de l'administration; s'attachaient avec tant d'acharnement aux moindres abus, aux moindes actes arbitraires, ou qu'ils réputaient tels pour en faire, par les journaux, grand scandale dans toute la France, qu'ils exaltaient d'autant plus les opinions de ceux qui voulaient sincèrement la conservation du trône, qu'ils croyaient menacé éminemment, et qui, je crois, l'étaient en effet. Dans ces temps enfin jusqu'au cri de vive la Charte paraissait aux vrais royalistes, comme à l'autorité, un cri séditieux, et il est impossible de disconvenir qu'il ne le fût dans l'intention de ceux qui le proféraient : en raisonnant sainement, le cri de vive la Charte renferme implicitement celui de vive le roi, puisque la Charte, quand on la veut franchement, ne peut exister sans le roi; mais il est certain qu'alors le cri de vive la Charte était exclusif de celui de vive le roi, et pour qui voudra être de bonne foi, on reconnaîtra que ceux qui, sur les places et dans toute occasion, criaient *vive la Charte!* avec tant de bruit, étaient des gens qui ne voulaient point du roi; et ainsi, on peut dire que les exagérations d'opinions d'une part, les méfiances souvent peut-être excessives de l'autre, firent pendant long-temps un tort immense aux progrès des principes constitutionnels, qu'on peut aujourd'hui appeler les vrais principes. Des deux parts on se combattait avec acharnement et peut-être avec une égale mauvaise foi; mais on était bien convenu de ne jamais s'entendre. Mais depuis, comme l'a dit un membre de la Chambre des députés, toutes les opinions se sont fondues. Les royalistes sont devenus libéraux et les libéraux sont devenus royalistes. Oui en effet, et tout le monde peut aujourd'hui le remarquer, tous ou presque tous les hommes honnêtes, qui professaient avec bonne foi des opinions diverses, se sont rapprochés, et, sauf quelques nuances qui pourront se modifier, changer de nature même, mais qui existeront toujours d'une manière ou d'une autre, tous aujourd'hui s'entendent pour vouloir le roi et la Charte. Le temps, qui assure presque toujours le triomphe de la raison, devait infailliblement procurer à la France cet immense bienfait; mais le ministère Villèle l'a extraordinairement avancé. Bien des gens de bonne foi avaient vu avec plaisir se former ce nouveau ministère, qu'ils croyaient en même temps ami du roi et du pays. Mais bientôt on s'aperçut qu'il subissait le joug honteux du parti qui demandait l'ancien régime, et qu'il voulait en même temps l'imposer à la France; et lorsqu'on connut les moyens par lesquels il avait préparé et obtenu cette Chambre de 1824, qui a montré tant de dévouement; lorsqu'on le vit s'entourer de la censure pour cacher mieux ses honteuses manœuvres ; lorsqu'on le vit présenter la loi immorale du droit d'aînesse, si contraire au véritable esprit de la Charte et qui choquait jusqu'aux droits de la nature ; lorsqu'on le vit attaquer ouvertement notre pacte fondamental ; lorsqu'on le vit couvrir la France de congrégations, vouloir faire de tout un peuple un peuple d'hypocrites, tourmenter les consciences et n'admettre plus aux emplois que ceux qui lui en voulaient faire le sacrifice ; lorsqu'on vit des hommes qui violaient toutes les lois de l'honneur et de la délicatesse, et l'un d'entre eux, notamment, presque célèbre à force d'immoralité, offrir au nom de la religion la loi du sacrilége, loi tellement hideuse, que le stupide fanatisme ne pourrait pas lui-même l'excuser ; lorsqu'on les vit n'avoir d'autre politique que la fraude, le mensonge, et ne conserver plus les faveurs du prince qu'en calomniant son peuple auprès de lui ; lorsqu'on les vit, pour se maintenir contre le mépris public qui les repoussait, rendre suspects près du roi vingt ou trente mille citoyens qui avaient mérité sa satisfaction, et provoquer contre eux, à la place des témoignages flatteurs que leur préparait le cœur du roi, le plus sanglant affront qui pût être fait à des hommes honnêtes, qui dans leur haine comme dans leur amour avaient si bien montré la distinction qu'ils faisaient entre leur souverain et ses perfides conseillers ; lorsqu'on vit ces hommes déjà si avilis, et comme si pourtant ils eussent voulu terminer leur administration par un acte plus odieux encore que tous ceux dont ils avaient frappé la France, méditer de sang-froid dans leurs cabinets le massacre des citoyens de Paris, pour tromper plus sûrement le cœur du prince, et l'unir, en l'effrayant, à leur rage contre une population tranquille, qui n'avait que le tort de ne pouvoir accepter toutes leurs turpitudes ; la France honnête enfin fut éclairée et elle se sépara d'une administration qui, faisant abnégation de tous sentimens d'honneur et de loyauté, marchait à si grands pas vers l'anéantissement de toutes nos institutions, et l'asservissement du peuple au joug d'une faction effrontée dont elle subissait la loi, et les vrais royalistes alors, reconnaissant que ceux auxquels ils s'étaient unis ne voulaient que détruire la Charte, qui créait la monarchie constitutionnelle, sentirent la nécessité de défendre ouvertement et directement cet acte fondamental qu'ils ne voulaient point séparer de la royauté, et par là ils se rapprochèrent des libéraux, proprement dits, pour faire avec eux des efforts communs contre un parti hypocrite et sans foi, également détesté de tout ce qui était honnête. Les libéraux, de leur côté, et ceux mêmes qui avaient montré de l'éloignement pour la royauté, mieux éclairés sur la nécessité de cette royauté et les avantages de la monarchie constitutionnelle, forcés de reconnaître que les royalistes, qu'ils s'étaient habitués à considérer comme ennemis de toutes nos institutions et de nos libertés, voulaient en effet le roi et la Charte; peut-être aussi parce que de bonne foi, rendant justice au prince, ils aperçurent que son cœur avait été trompé quand il avait donné sa sanction à des actes ou à des mesures que toute la France réprouvait ; les libéraux enfin, dégagés de préventions irréfléchies, et faisant le sacrifice d'opinions exaltées, s'attachèrent de cœur à la monarchie constitutionnelle, et ainsi s'est opérée cette heureuse fusion, remarquée et signalée avec un sentiment si patriotique par M. de Leyval.

Oui, la masse de la France aujourd'hui veut la Charte et le roi parce qu'elle sent que la Charte et le roi, peuvent seuls assurer son bonheur; et si en effet nous avons fait voir que les jésuites et l'ancienne noblesse, en ne consultant que leur propre intérêt, ne pouvaient désirer que le pouvoir absolu ou l'ancien régime; n'est-il pas évident, au contraire, que la masse de la France, si elle consulte son intérêt, doit désirer la monarchie constitutionnelle tout entière ; car n'est-il pas vrai que, mettant à part quelques abus inséparables des choses humaines, mais qui ne dépendent point essentiellement de nos institutions, nous jouissons en France? du meilleur état politique que l'homme de raison puisse concevoir et désirer. La Charte reconnaît que tous les Français sont égaux devant la loi ; elle les appelle tous indistinctement à contribuer dans la proportion de leur fortune aux charges de l'état ; elle les rend tous également admissibles aux emplois civils et militaires ; elle leur garantit la liberté individuelle ; elle leur laisse pleine liberté de pensée et de conscience, et chacun peut professer le culte qu'il lui plaît, et faire imprimer ses opinions ; par ses députés, le peuple prend part à l'action du gouvernement, et rien ne peut se faire que de son consentement et avec sa participation ; toutes ses institutions sont inviolables, et ses libertés sont garanties ; le roi enfin n'est que le chef suprême de l'état ; mais il est lui-même soumis aux lois, et ne peut agir qu'avec le concours des deux autres pouvoirs qui forment avec lui l'essence du gouvernement monarchique représentatif.... Que pourraient donc vouloir de plus les peuples, et notamment le peuple français maintenant si éclairé? — La république? — Dans une république, il est vrai, si l'on adopte sans réserve les principes de ce gouvernement, chacun peut espérer d'en devenir temporairement le chef; mais est-ce donc jamais la masse qui peut ainsi se bercer de ces brillantes illusions ? Non : la république ne saurait nous convenir, parce que, sans pouvoir ajouter rien à nos garanties, à nos libertés bien entendues, à notre bonheur enfin, elle ne nous offre que des troubles, des révolutions, et la perspective presque assurée de la tyrannie. Non, ceux qui ne veulent qu'une sage liberté, et qui savent apprécier les bienfaits de la Charte, ne peuvent désirer un autre état de choses : encore une fois les peuples, et les peuples éclairés surtout, ne peuvent vouloir que leur plus grand avantage, et il ne peut y avoir aujourd'hui en France que les espérances déçues, les ambitions trahies, qui peuvent tendre au renversement de l'état de choses actuel ! Charles X a entendu les acclamations presque unanimes de ces hommes dits libéraux, lorsqu'à son avénement au trône de l'auteur de la Charte, tant d'espérances semblèrent luire sur notre belle patrie ; et son cœur put sentir alors, que cette nation tant calomniée pouvait s'unir à ses rois quand ils voulaient se confier à elle !... La France veut ses rois ; mais elle veut aussi, et les veut tout entières, ces institutions sages que lui avait assurées la Charte ; elle les veut, et on ne saurait les lui enlever, parce qu'elles sont aujourd'hui dans nos mœurs, dans nos esprits, et que les masses éclairées ne peuvent presque jamais reculer. Malheur aux hommes qui essaient de tromper le prince ; malheur à cette famille elle-même de nos rois, si elle écoutait de perfides doléances! Car dans ces débats terribles des rois contre les peuples, qu'une faction impie veut ressusciter parmi nous, on peut un moment imposer aux peuples le joug honteux d'un pouvoir oppressif, mais on ne saurait les anéantir, et debout encore après la lutte, ils peuvent reconquérir des droits enlevés, mais la royauté triomphe ou disparaît!... Puisse cette vérité parvenir au pied du trône !...,

Démontrer à la France que ses institutions sont bonnes et lui suffisent, était une tache digne d'arrêter les méditations de l'écrivain, et l'on me saura gré, peut-être, d'avoir tenté de la remplir. Une matière si grave et si importante demandait un plus grand talent sans doute, mais j'ai voulu soumettre à mes concitoyens des réflexions sincères au moins, si elles ne sont exactes. J'ai pensé que les principes de notre constitution devaient satisfaire les intérêts d'un peuple sage et ami de l'ordre. J'ai cru que la majorité de la France le pensait avec moi, j'ai cru enfin que la France voulait la monarchie constitutionnelle toute entière, et je me suis abandonné sans peine au désir de favoriser le mouvement des esprits vers une opinion qui me plaisait. Si pourtant il était vrai que les bienfaits de notre gouvernement ne fussent point encore assez sentis, puissent mes efforts contribuer à les faire apprécier; puissent-ils calmer des méfiances, vaincre des résistances, et puissions-nous tous enfin, nous ranger franchement autour du trône constitutionnel, seul moyen, dans mon opinion, de jouir en France de la concorde et de la paix, qui doivent être, aux yeux de l'homme sage, le premier besoin des peuples vivant en société !.....

P. S. Si le présent écrit n'eût été sous presse au moment où fut prononcé le discours de la couronne, j'aurais pu me dispenser de le publier; car en ajoutant à ce discours les réflexions qu'il a provoquées de la part de la *Gazette*, dans sa feuille du 30 janvier, j'aurais également rempli le but que je m'étais proposé. Que la France en effet lise avec attention le discours du trône, et elle saura ce qu'elle peut attendre des loyales intentions de son roi ; que le roi à son tour prenne la peine de lire l'article de la *Gazette* que je viens d'indiquer ; que surtout il le rapproche de ceux sur la même matière, partis de la même feuille au temps de l'administration tant regrettée, et il concevra enfin notre mépris pour cette faction si justement flétrie dans l'opinion.

BIBLIOTHÈQUE ROYALE

FIN.

www.ingramcontent.com/pod-product-compliance
Ingram Content Group UK Ltd.
Pitfield, Milton Keynes, MK11 3LW, UK
UKHW012240240726
13966UKWH00003B/1196

9 782011 618146